José Frèches, industriel, historien d'art et collectionneur, a été conservateur des Musées de France, et a vécu une partie de sa jeunesse à Rome.
Il a déjà publié, dans la collection Découvertes Gallimard, en collaboration avec Claire Frèches,
Toulouse-Lautrec, les lumières de la nuit.

A mes parents

Tous droits de traduction et d'adaptation réservés pour tous pays
© *Gallimard 1995*

Dépôt légal : septembre 1995
Numéro d'édition : 66641
ISBN : 2-07-053265-8
Imprimé en Italie
par Editoriale Libraria

LE CARAVAGE
PEINTRE ET ASSASSIN

José Frèches

DÉCOUVERTES GALLIMARD
PEINTURE

Les premières années de la vie du Caravage, les circonstances exactes de sa formation, de sa vocation et de son départ pour Rome – qui lui ouvrira les portes de la renommée – sont relativement peu connues. De ses débuts de peintre à Milan, on sait peu de choses si ce n'est que, tout jeune déjà, il défrayait la chronique par son anticonformisme.

CHAPITRE PREMIER
UN JEUNE HOMME AMBITIEUX

Le *Garçon au panier de fruits* fut acheté au jeune Caravage par le Cavalier d'Arpin, peintre dont il fréquenta l'atelier quelques mois après son arrivée à Rome. A la fois portrait et nature morte, la toile illustre déjà la manière «caravagesque» qui fera très vite sa renommée.

Michelangelo Merisi, «da Caravaggio»

C'est le 29 septembre 1571, jour de la Saint-Michel (et non le 28 septembre 1573 comme on le crut longtemps en raison d'une épitaphe tardive), que naît Michelangelo Merisi, quelques jours avant la fameuse bataille de Lépante qui devait porter un coup d'arrêt pour de longues années à l'avancée turque en Méditerranée. Le vainqueur de Lépante, Marcantonio Colonna, était le père de la marquise de Caravaggio, nom de la bourgade de la province de Bergame où les parents de Michelangelo, Fermo Merisi et Lucia Aratori, s'étaient mariés le 14 janvier 1571. Le lieu de naissance du jeune Michelangelo demeure incertain, probablement à Caravaggio même, où il passera les premières années de sa vie, peut-être à Milan où son père travaillait comme «contremaître» au service de la famille des marquis de Caravaggio.

De ces incertitudes sur les lieux, mais aussi sur les dates, émerge une vie en clair-obscur qui contribuera, avant même sa mort, à forger la légende du Caravage, peintre maudit et génial, au comportement violent tout autant qu'imprévisible. Le hollandais Carel Van Mander, dans son ouvrage sur *Les Maîtres italiens de la peinture* publié en 1603 à Haarlem, indique, par exemple, qu'il «était sorti à grand peine de la pauvreté grâce à un travail acharné» et Bellori, l'un de ses plus importants biographes (1672), fait de son père un simple «maçon», alors que les recherches les plus récentes ont mis en évidence que la famille Merisi possédait des biens et disposait de revenus qui la mettaient à l'abri de la pauvreté.

A l'école de la peinture lombarde

C'est bien un jeune garçon prompt à donner du poing dans les rixes où s'affrontent les bandes milanaises qui entre le 6 avril 1584 – ainsi que le stipule un contrat conservé dans les archives de la bibliothèque Ambrosienne de Milan – dans l'atelier de Simone Peterzano. Ce peintre lombard qui jouissait d'une certaine notoriété, aurait été formé, si l'on en croit son style, à l'école vénitienne (il signait d'ailleurs «Titiani alumnus»). Ses rares œuvres connues, du style un peu mièvre de l'art renaissant tardif, témoignent néanmoins d'un souci marqué pour le réalisme – un style «sévère» – tel que le prônaient les canons esthétiques issus du Concile de Trente qui voulaient mettre l'art au service de la «croisade»

Avec la *Bataille de Lépante* telle que la célébra Véronèse (à gauche), la grande peinture votive vénitienne incarnait non seulement la suprématie culturelle de la Sérénissime mais, surtout, allait servir de modèle aux peintres lombards dans le milieu desquels le Caravage commença son apprentissage. Bellori, dans sa biographie du peintre, y place un séjour à Venise, en vue d'expliquer ce qu'il considère chez Merisi comme un emprunt au style vénitien.
A gauche, en bas, les armes de la famille Merisi.

Simone Peterzano, le premier maître du Caravage, embrassa tous les genres : peinture d'histoire, scènes religieuses, buffets d'orgues ou fresque, comme à la Chartreuse de Carignano. Dans *Vénus et Cupidon* (ci-contre), il met en pratique les grands principes du maniérisme – arabesques des formes et contrastes des couleurs tels qu'ils furent développés par son ami peintre et écrivain Lomazzo dans son célèbre *Traité de la peinture* (1584) qui inspira de nombreux artistes de la fin du XVIe siècle.

16 UN JEUNE HOMME AMBITIEUX

Dans le *Dialogue de la peinture* (1548), écrit par son élève Paolo Pino, Girolamo Savoldo est cité pour la renommée dont il jouissait à Milan, malgré le faible nombre de ses tableaux. Vasari fait état de ses «toiles de nuits et de feux», inspirées par le «chiaroscuro» de Léonard de Vinci, dont Savoldo avait pu admirer les œuvres à Milan lors de son séjour à la cour de Francesco II Sforza. Son style n'est pas sans affinités avec celui de Giorgione, le maître de Titien. Il transmettra son goût pour les tons froids et les retouches luministes au Caravage et à ses disciples, ainsi que l'atteste son *Etude de portrait* (ci-contre). Dans un extraordinaire *Autoportrait* (à droite), le peintre fait appel à un savant jeu de miroirs qui démultiplient son corps tandis qu'un éclairage latéral fait chatoyer le velours du costume et briller l'armure de mille feux. Merisi, lui aussi, se servira de miroirs pour représenter son propre visage.

anti-protestante. Michelangelo Merisi avait alors treize ans. Aux termes dudit contrat, Peterzano s'engageait à le garder quatre années auprès de lui pour le «former».

La peinture lombarde de la fin du XVIe siècle, totalement éclipsée par Venise et Bologne, n'était marquée par aucune personnalité de premier plan. Le jeune homme, tout au plus, acquit à Milan la virtuosité technique et l'idée de mettre en scène les personnages grâce au contraste entre l'ombre et la lumière que d'autres peintres lombards tels les frères

APPRENTI À MILAN

Antonio et Guido Campi ou Girolamo Savoldo utilisaient dans certaines de leurs compositions, en s'inspirant de la fresque vaticane de Raphaël représentant saint Pierre en prison, premier «clair-obscur» du genre.

Premières rumeurs : le «jeune homme glabre»

D'après des documents d'archives récemment découverts, le Caravage est mis en cause à Rome le 11 août 1593, comme témoin et sous le qualificatif de «un jeune homme glabre appelé Michel Ange et qui fait de la peinture» à l'occasion d'une plainte déposée par une certaine Leonora Palelli contre deux de ses amis, les frères Onorio et Decio Langhin, pour insultes et voies de fait. Certains biographes contemporains du

C'est en 1514 que Raphaël acheva la chambre d'Héliodore dans laquelle se trouve *La Libération de saint Pierre* (à gauche). Sa situation en contrejour, au-dessus d'une fenêtre, et la violence de l'éclairage dont l'ange irradie l'espace nocturne du cachot amenèrent Delacroix, grand admirateur de Rembrandt, à comparer ce dernier à Raphaël.

Caravage (Bellori, Mancini) l'impliqueront même dans un crime inavoué qui lui aurait valu une année d'emprisonnement à Milan vers 1590 et expliquerait son départ pour Rome après qu'il ait vendu l'ensemble de ses biens demeurés en indivision avec son frère Jean-Baptiste et sa sœur Catherine.

La personnalité belliqueuse du jeune homme et son goût pour la moquerie devaient déjà lui valoir de solides inimitiés. En revanche, son amitié avec l'architecte Onorio Longhi, un jeune érudit qui deviendra aussi l'un de ses compagnons de rixe, s'explique par les relations entretenues par leurs pères respectifs, tous deux au service du marquis de Caravaggio. C'est donc bien à Milan où la délinquance relevait des tribunaux espagnols que le Caravage devint le rebelle qu'il restera. Son départ pour Rome était déjà, en quelque sorte, une façon de «tourner la page».

Quant à un éventuel séjour à Venise, attesté par Bellori, qui expliquerait la parenté de ses premières œuvres avec certaines compositions de Giorgione, de même que son goût pour les raccourcis, elle n'est étayée – à ce jour – par aucun document.

Le sentiment religieux du Caravage

La spiritualité religieuse du Caravage, dont l'oncle Ludovico Merisi et le frère cadet Jean-Baptiste étaient prêtres, possède sa part d'ombre et ses ambiguïtés mais demeure un élément clé pour la compréhension de son œuvre : les toiles se succéderont presque comme les stations d'un chemin de croix. Elle s'inscrit dans le

Le *Panier de fruits* est la seule nature morte de Merisi, mais le trou de ver dans la pomme et les feuilles

PREMIERS DÉBOIRES 19

courant initié quelques années plus tôt par Charles Borromée, l'archevêque de Milan canonisé pour sa conduite exceptionnelle lors de la terrible épidémie de peste qui s'abattit sur la ville entre 1575 et 1577.

déchirées signent aussi une «vanité» que renforce le contraste génial d'un fond jaune paille.

Le jeune Michelangelo Merisi avait quatre ans et le fléau n'épargna pas sa famille.

Les images de mort dans d'atroces souffrances provoquées par ce mal contre lequel la médecine, à l'époque, ne pouvait rien, marquèrent fortement le Caravage enfant. Au XVIe siècle, ce genre d'épidémie était encore considéré comme un châtiment divin. La «*terribilta*» de Dieu – pour reprendre l'expression de Michel-Ange – qui incite l'être humain à la modestie et à la contrition devant la majesté divine est au cœur de la peinture du Caravage, où s'exprime cette religiosité borroméenne partagée entre le populisme et le mysticisme.

Le Caravage et le mécénat des grands prélats romains

Un autre Borromée comptera dans la vie de Merisi. Frédéric, devenu cardinal de la curie romaine à vingt-trois ans, en 1587, avant d'obtenir, à l'instar de son

Charles Borromée (1538-1584) est, avec Ignace de Loyola et Thérèse d'Avila, l'un des trois grands saints de la Contre-Réforme. Il prit une part décisive dans l'application des directives du concile de Trente. Fondateur de la congrégation des Oblats, prêtres séculiers destinés à démultiplier son action (1581), il déploya un zèle inlassable lors de la peste à Milan. Le cardinal a été représenté, ci-dessus, visitant les malades de sa ville.

LA PEINTURE ET L'ÉGLISE 21

cousin Charles, la charge de l'archevêché de Milan, était, de surcroît, un amateur d'art. Collectionneur d'estampes des écoles du Nord, il fit conférer au cardinal Del Monte, auprès duquel le jeune Caravage s'en vint habiter, le titre de protecteur de l'Académie

« La nudité des pieds, écrit Frédéric Borromée dans son *De pictura sacra* à propos des anges, témoigne de leur obéissance

FEDERICI CARD. BORROMÆI

ARCHIEPISC. MEDIOLANI

DE

PICTURA SACRA

de peinture de Saint-Luc. C'est encore lui qui aurait pu commander au peintre milanais Peterzano, auprès duquel le Caravage était entré en formation, la *Flagellation* qui orne un autel de l'église romaine de Sainte-Praxède dont Charles avait été le titulaire entre 1564 et 1565. Cette toile, exécutée dans les années 1570, peut être considérée comme la première composition véritablement en «clair-obscur» de la peinture du XVIᵉ siècle et, à ce titre, comme l'une des sources probables de celle de Merisi, même si celui-ci s'affirma d'emblée un virtuose bien plus doué que le maître. L'opuscule de Frédéric Borromée, *De pictura sacra* («Sur la peinture religieuse»), contient, en outre, de nombreux préceptes dont le peintre s'inspirera.

Les Borromée, tout comme Philippe Neri qui deviendra l'un des saints les plus populaires de Rome, puisaient les principes de leur conduite dans la lecture des *Exercices spirituels* d'Ignace de Loyola, le fondateur des Jésuites, mort en 1556. Proches des milieux pro-français (au sein desquels on retrouve

au moindre signe de Dieu.» L'apologie du dénuement et de la pauvreté comme expression de la foi imprègneront toute l'œuvre de Merisi. Le même ouvrage propose aux artistes d'assimiler le sacrifice d'Isaac à une «allégorie idéale de l'obéissance et de la foi».

Neri et les Oratoriens), ils tentaient, au Vatican, de faire obstacle à la toute puissance des Espagnols. Certains biographes prétendent d'ailleurs que, tout au long de sa courte vie, le Caravage sera poursuivi par la vindicte de la justice espagnole et du clan romain pro-espagnol.

Humilité, obéissance et foi sont la trilogie de la pensée borroméenne. La rébellion d'un caractère perpétuellement attiré par la transgression sera donc, chez le Caravage, le contrepoint d'une foi brûlante. Elle fait de lui une sorte de *Janus bifrons* dont la personnalité est elle-même faite de clair-obscur, comme si sa peinture n'avait été que le magnifique reflet de ses propres contradictions et de ses tourments.

Ces relations avec les cercles borroméens expliquent également celles qu'il entretiendra plus tard avec la famille Colonna, l'une des plus puissantes de la noblesse lombardo-romaine. Les Colonna étaient apparentés aux Borromée à la suite du mariage de Fabrizio Colonna avec Anne, la sœur de Charles Borromée.

Les premiers pas dans Rome

Lorsque Merisi arrive à Rome, probablement vers 1590-1591, la ville apparaît profondément transformée par le pape Sixte Quint auquel succédera en 1592 Clément VIII Aldobrandini, dont Giulio Mancini (1558-1630), biographe et collectionneur du peintre, deviendra le médecin personnel en 1623. Les églises se reconstruisaient, les fouillis des quartiers médiévaux faisaient l'objet d'une rénovation urbaine sans précédent. Dans cet espace destructuré où les plus grands chantiers étaient lancés par les papes, des

Giuseppe Cesari, Cavalier d'Arpin (1568-1640), après avoir été agréé à la fin des années 1580 comme peintre pontifical, était devenu l'un des artistes favoris du pape Clément VIII. Son style agréable et presque décoratif en fait l'une des figures de la peinture officielle romaine que tout opposera au Caravage, alors même que celui-ci avait fréquenté quelques mois son atelier. En haut, à droite, un portrait de Cesari par Ottavio Leoni.

bandes de jeunes issus de tous les milieux et de tous les métiers, où les nobles se mêlaient aux artisans et les soldats aux voleurs, quadrillaient la ville, défiant un ordre établi dont les bases chancelantes tentaient de résister par des actes judiciaires aussi innombrables que vains. La Rome baroque, peu à peu, prenait le visage qu'on lui connaît aujourd'hui.

Selon Giovanni Baglione (1573-1644), médiocre peintre romain, dont le retentissant procès en diffamation qu'il fit au Caravage en 1603 défraya la chronique dans la ville pontificale, mais qui lui consacra néanmoins les pages les plus documentées sur sa période romaine (*De vita de pittori, scultori ed architetti*, Rome, 1692), celui-ci commença par s'installer chez un peintre sicilien où il se lia avec un autre jeune artiste, le syracusin Mario Minniti, avant d'être hospitalisé deux ou trois mois à la Consolation.

L'*Arrestation du Christ* (à gauche) de Cesari témoigne d'un sens certain des éclairages et du mouvement. La renommée du peintre culminera en 1584, avec la décoration – disparue – de l'église San Lorenzo in Samado, commandée par le cardinal Farnèse. Il collaborera avec Guido Reni au décor de la chapelle Pauline de Sainte-Marie-Majeure (1609-1611). Sa *Diane chasseresse* (ci-dessous) illustre la conception conformiste de la représentation mythologique à laquelle les frères Carrache, quelques années plus tard, insuffleront la tension dramatique qu'on trouvera dans les grands cycles picturaux de la Rome baroque.

La peinture romaine : la fresque ou le chevalet

Quelques mois plus tard, en 1593, Onorio Longhi conseille à son ami d'aller travailler auprès de Giuseppe Cesari dit «le Cavalier d'Arpin», peintre académique qui avait déjà les faveurs de la papauté et travaillait à la commande pour de nombreuses congrégations religieuses. C'est dans sa *bottega* – sorte d'atelier-galerie où les peintres en vue se constituaient une clientèle – que le Caravage se fait vite remarquer par les amateurs et collectionneurs romains qui ornaient les galeries de leurs palais de tableaux de chevalet. Preuve de la reconnaissance précoce de son talent, le Cavalier d'Arpin

24 UN JEUNE HOMME AMBITIEUX

lui-même achète des peintures à son jeune élève.

La peinture romaine de la fin du XVIe siècle était essentiellement à fresque, sur de larges espaces, avec une nette préférence pour les sujets d'histoire, religieuse ou profane, comme s'il était impossible, pour les peintres romains, de se libérer de l'ombre tutélaire de Michel-Ange et de Raphaël que personne n'osait vraiment défier. De cette manière d'atonie générale, le Caravage va profiter, grâce au tableau de chevalet.

Le choix du Caravage des premières années romaines pour ce type de peinture, qui s'accorde au goût des collectionneurs parce qu'elle peut, à la différence d'une fresque, «changer de mains», s'explique à la fois par la volonté de rompre avec un certain ordre esthétique mais surtout par le fait que ce genre sied à merveille à celui qui recherche le statut de peintre-courtisan. Les amateurs éclairés étaient en effet capables de payer, parfois fort cher, pour la possession d'une œuvre dans leur collection particulière. Son installation, en 1595, chez le cardinal Del Monte, l'un des plus grands collectionneurs romains, marque donc le premier vrai tournant de la carrière du peintre. Elle est un signe éclatant de la réussite pour le jeune milanais expatrié dans une ville où personne ne l'attendait.

Le Cavalier d'Arpin posséda le *Jeune Homme pelant un fruit* (à gauche) avant de s'en voir déposséder en 1607 au profit du cardinal Scipion Borghèse, alors qu'il était emprisonné pour port d'arme illégal. Le tableau a été éxécuté vers 1594 et c'est l'une des premières œuvres répertoriées de Merisi. Son biographe Mancini mentionne expressément cette toile qui faisait partie des scènes plaisantes, mais saisissantes à la fois, grâce auxquelles Merisi allait rapidement devenir une valeur sûre dans le milieu artistique pontifical.

UNE CLIENTÈLE ÉCLAIRÉE 25

Chez le cardinal Del Monte

Francesco Maria Bourbon Del Monte, proche des Médicis et d'origine vénitienne, quoique prélat, pratiquait l'alchimie. Il avait succédé au cardinal Frédéric Borromée comme protecteur de l'académie de Saint-Luc, confrérie des peintres dont la réouverture solennelle, le 14 novembre 1593, sous le principat du coloriste Frederico Zuccari avait consacré l'importance et la prééminence après une éclipse de quelques années. Le cardinal Del Monte s'adonnait à la collection de peintures et d'antiquités. Dans son splendide palais Madama, non loin de la place Navone, il organisait des réceptions brillantes au cours desquelles de jeunes

C'est vers 1596 que fut achevée *La Diseuse de bonne aventure* (ci-contre), acquise par Alessandro Vittrice, noble romain et collectionneur d'œuvres d'art. Ce thème – qui fera école –, où l'on joue du contraste entre la noblesse et l'insécurité élégante de celui qui tend la main et la rouerie canaille de la diseuse d'avenir qui le détrousse, sert de prétexte à un «tableau vivant» traité comme une scène de théâtre. L'œuvre avait frappé son biographe Mancini : «La bohémienne démontre son outrecuidance en esquissant un sourire alors même qu'elle enlève la bague de la main du jeune homme pendant que ce dernier, tout à sa libidineuse attention, ne quitte pas des yeux la belle bohémienne qui lui prédit l'avenir en lui ôtant sa bague.» En 1665, cette toile célèbre fut donnée à Louis XIV par Don Camillo Pamphili à l'occasion du séjour du Bernin à Paris, ce qui lui valut cette appréciation fort peu flatteuse de Chantelou, le protecteur de Poussin : «La Cingara du Caravaggio, un pauvre tableau sans esprit ni invention.»

26 UN JEUNE HOMME AMBITIEUX

éphèbes jouaient de la musique. Cet ami de Galilée, quoique n'étant pas le plus fortuné des prélats de la curie romaine, «régnait» sur une véritable cour de deux cents serviteurs, musiciens et décorateurs.
A l'instar de ses illustres collègues plus âgés, les cardinaux Frédéric Borromée et Ferdinand Médicis, Del Monte collectionnait la peinture flamande tout en affichant des sentiments pro-français. En ce sens, il deviendra le modèle de Cassiano Dal Pozzo, futur protecteur des caravagesques français actifs à Rome dans le premier quart du XVIIe siècle, puis de Poussin

Pour Bellori, *Le Joueur de luth* était une femme... à la fois portrait d'éphèbe, nature morte, allégorie de l'amour, c'est surtout un éblouissant exercice de style qui démontre une maîtrise technique déjà exceptionnelle. Del Monte le considérait comme la plus belle toile de sa collection.

L'*Amor vincit Omnia* (ci-contre), allégorie de l'amour terrestre, fut peint pour le marquis Vincenzo Giustiniani et rendit jaloux Baglione, le rival du Caravage, qui s'essaya, sans succès, à peindre à son tour une toile sur le même thème. La nudité provocante et le sourire narquois du modèle de Cupidon font de la scène une invitation sans détour au plaisir.

Le 4 mai 1598, Michelangelo Merisi fut arrêté entre «la piazza Navona et la piazza Madama» pour port d'épée et d'un compas, sans autorisation. Interrogé par la police, le peintre répondit qu'il se rendait chez le cardinal Del Monte (portrait, ci-dessus) «pour en devenir le peintre et y être logé». La présence du compas a pu donner à penser que Del Monte traitait également avec Merisi de sujets scientifiques.

lui-même. Contre son hébergement, le jeune Caravage payait le cardinal Del Monte en toiles, et non des moindres.

Véritable détecteur du talent du Caravage, Del Monte posséda en effet la plupart des premiers grands chefs-d'œuvre du peintre, dont *Le Concert* et *Le Joueur de luth* – autant de sujets musicaux dont les figures exhalent un érotisme trouble d'où les consonnances homosexuelles ne sont pas absentes – mais aussi des compositions religieuses beaucoup moins sulfureuses telle la *Sainte Catherine* (page 71).

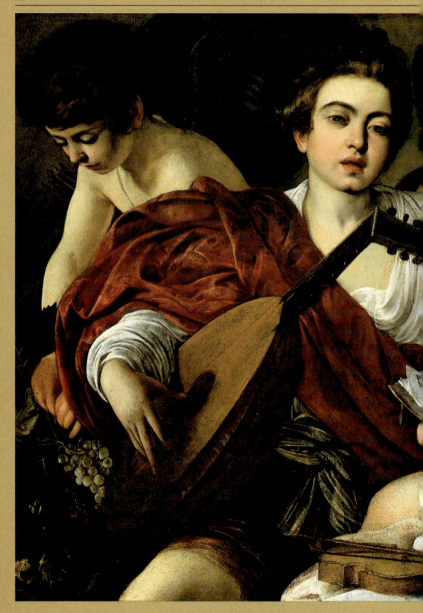

Les «ragazzi» du cardinal Del Monte

Le *Concert de jeunes gens* faisait partie des collections Del Monte et rappelle l'atmosphère musicale et raffinée dans laquelle baignaient les jeunes gens dont le prélat aimait à s'entourer. Le thème bacchique demeure présent – le jeune homme à gauche tient une grappe de raisins – même s'il demeure estompé par celui, tout aussi fécond, de la «conversation musicale». Dans le *Bacchus malade* au teint cireux (page 30), d'aucuns ont vu un autoportrait du peintre qui, à l'époque, aurait pu être frappé de malaria. La pose du modèle dénote l'utilisation du miroir. Le Caravage a voulu montrer son corps de «jeune petit vieux à la robustesse un peu maladive»(Mancini). Cette volonté de se représenter tel qu'il était – et non à son avantage – tranche avec la figure épanouie et sensuelle du *Bacchus couronné de pampres* (page 31), tenant délicatement une immense coupe de vin entre ses doigts. Le contraste entre les deux figures met en évidence le caractère du peintre : aimant les plaisirs mais très dur envers lui-même...

31

Premières scènes de genre et premiers portraits

D'emblée, le jeune Caravage s'affirme comme le maître incontesté de la scène de genre où des personnages «vulgaires» (joueurs de cartes, soldats, diseuse de bonne aventure, mendiants) pris sur le vif donnent à voir des scènes dont les coloris somptueux et les compositions inédites vont constituer autant de références et de modèles de ce qu'on appellera le caravagisme français ou nordique. Ces tableaux, apparemment sans thème précis, sont en général à double lecture ; ils ont aussi un sens symbolique ou allégorique. Dans *Les Tricheurs*, le coloriste déploie déjà une habileté étourdissante. Cette réflexion sur la crédulité et l'innocence servira de modèle à la longue lignée des peintres que ce thème inspirera, à commencer par le lorrain Georges de La Tour. *L'Enfant mordu par le lézard*, au réalisme très cru pour ne pas dire cruel, est aussi une allégorie des sens (du toucher).

Les modèles masculins du Caravage étaient des jeunes gens de l'entourage du cardinal, en particulier son ami Minniti, qui pose pour lui à de nombreuses reprises. Lorsque, dans les toutes dernières années du siècle, il se mit à peindre des sujets religieux, il prit soin – innovation capitale à cette époque – de les exécuter à la manière des scènes de genre, dans un cadre naturel comme pour rappeler que l'humanité terrestre et le divin sont liés indissolublement puisque la représentation de celui-ci demeure

Cette gravure, ci-dessous, représente un «autoportrait au miroir» du Caravage, peinture qui aurait appartenu aux collections du duc d'Orléans. C'est dire à quel point l'usage du miroir, auquel de nombreux artistes, de Van Eyck à Vélasquez, feront appel, avait frappé les biographes et admirateurs de Merisi.

Le thème de *L'Enfant mordu par un lézard* (à droite) apparaît déjà dans un dessin de Sophonisba Anguisciola, l'une des rares femmes peintres de cette époque tributaire de celle-là. Aussi, recherchant délibérément l'archétype, il prit les mêmes modèles. Il n'en changea que fort peu, préférant se concentrer sur les mêmes visages et les mêmes corps qu'on retrouve ainsi de tableau en tableau, tels des témoins permanents de son évolution esthétique. Quant aux autoportraits, ils étaient peints devant un miroir.

Les premiers biographes de Merisi, Baglione et Mancini, ont célébré la posture de *L'Enfant mordu par un lézard*, pris sur le vif, et qu'ils tenaient pour «plus vrai que nature».

34 UN JEUNE HOMME AMBITIEUX

LES TRICHEURS 35

Avec *Les Tricheurs*, Merisi aborde en précurseur un thème appelé à faire école auprès de tous les peintres caravagesques, de Vouet à La Tour. Dans ce tableau, où «il n'y a aucune faute de couleurs» (Bellori), la disposition des personnages est soulignée par l'éclairage latéral, à l'appui d'une large palette chromatique, qui fait ressortir la domination éclatante – par la richesse des costumes – des deux compères encadrant leur victime discrète, naïvement concentrée sur son jeu. Les trois plans de la scène, tels les praticables d'une scène de théâtre, définissent un espace complexe dont la profondeur est suscitée par les lignes de fuite formées par les cases d'un jeu de dés négligeamment posé sur la table. L'informateur, au troisième plan, que le jeune homme de gauche ne voit pas, fixe intensément le jeu de carte de sa victime au visage innocent. *Les Tricheurs* furent l'un des tableaux les plus célèbres des collections Del Monte, avant de se retrouver dans celles de la famille Barberini. De nombreuses copies furent éxécutées à partir de l'œuvre originale.

De ce mélange étonnant entre le sacré et le profane allaient naître des tableaux phares (*Madeleine repentante*, *Le Repos pendant la fuite en Egypte*) qui propulseraient, en quelques années, ce jeune provincial inconnu au tout premier rang des peintres romains célèbres, ceux-là mêmes auxquels les congrégations religieuses commandaient, moyennant de fortes sommes d'argent, des tableaux ou des fresques pour leurs églises. La gloire, donc, était déjà là.

Pourquoi n'existe-t-il pas de dessins de la main du Caravage?

Aucun dessin de collection publique ou privée n'a pu être attribué au Caravage. Merisi détruisait-il les dessins

LES MODÈLES DU PEINTRE 37

L'arrière plan végétal du *Repos pendant la fuite en Egypte* (à gauche) est l'un des rares paysages du Caravage. Sa complexité et le sens de la profondeur de la trouée, devant laquelle s'inscrit le visage de Marie, témoignent d'une influence vénitienne (Bassano, Lotto). L'originalité de la figure de Joseph tenant la partition de l'ange musicien vu de dos – qui permet d'en traiter les ailes comme un sujet à part entière – n'est pas sans rappeler certains éléments présents dans des œuvres très différentes d'Annibal Carrache. La *Madeleine repentante* (ci-contre), à l'opposé, est dénuée de tout lyrisme bucolique. La jeune femme qui a abandonné ses bijoux sur le sol médite, les yeux clos, assise sur une chaise basse. La repentante baigne dans une lumière douce qui met en valeur les étoffes précieuses dont elle n'a pas eu encore le temps de se dépouiller. On notera la parenté des poses et des visages de la Madeleine et de la Vierge pour lesquelles le peintre utilisa le même modèle. Ces deux chefs-d'œuvre se trouvent encore dans les collections du palais Doria Pamphili, à Rome.

préparatoires de ses peintures ? Pouvait-il se permettre de passer directement à un tableau sans même avoir esquissé un croquis préparatoire ou au moins cadré l'espace de son tableau par la mise au

carreau d'un dessin plus fouillé? L'énigme demeure.
Une ébauche de réponse à cette troublante question
se trouve peut-être dans les écrits de Zuccari,
«prince» de l'académie de Saint-Luc, le saint des
saints de la peinture romaine «académique». Pour
Zuccari, c'est par le dessin qu'on aboutit à la peinture
normative puisque la peinture est à la fois «fille et
mère du dessin». C'est grâce à un dessin que les
futurs impétrants étaient appelés ou non à siéger au
sein de cet aréopage. Le Caravage essuya-t-il un échec
en présentant un dessin? Son opposition à l'ordre
établi, et donc à l'académie de Saint-Luc,
expliquerait-elle le refus de dessiner, ou d'en laisser
la moindre trace, comme l'ultime défi d'un peintre
faisant fi des conventions?

Le seul élément strictement décoratif qu'on lui
connaisse est une peinture à l'huile qui orne la voûte
de la chambre du cardinal Del Monte dans la villa
Ludovisi, que le prélat avait acquise en 1516. Elle

L'OBÉISSANCE ET LA FOI 39

représente Jupiter, Neptune et Pluton, comme allégories des étapes de la mutation de la matière telles qu'on les pratique en alchimie avant d'atteindre le stade ultime, celui de la «pierre philosophale», figurée par un cercle lumineux. Cette œuvre profane, ésotérique, est unique dans son œuvre (page 128).

Les deux versions, très différentes, du *Sacrifice d'Isaac* témoignent de l'inventivité du Caravage. A gauche, une composition classicisante avec un paysage découpé sur fond de ciel où la «terribilta» du sacrifice surgit de la révolte de la victime; ci-dessus une scène beaucoup plus originale, prise sur le vif, d'une discussion presque naturelle, voire paisible, entre Abraham et l'ange dont la main caresse le bélier destiné à remplacer son fils. Cette vision prosaïque et très humaine d'un des grands thèmes picturaux de la Contre-Réforme, incarnant l'obéissance et la foi, caractérise la démarche esthétique de Merisi.

En 1600, au moment où il aborde la peinture d'église, la conception de l'art du Caravage était déjà suffisamment originale, et paradoxale pour son époque, pour que le Hollandais Carel Van Mander y fasse une allusion circonstanciée dans son ouvrage sur la peinture en Italie publié en 1604 : «[Merisi] pense qu'il n'y a rien de mieux que suivre la nature et, avant tout coup de pinceau, il étudie de très près la vie de ce qu'il peint et copie.»

CHAPITRE II
LES TRIOMPHES ROMAINS

Saint Matthieu et l'ange est la deuxième version du tableau d'autel de la chapelle Contarelli de Saint-Louis-des-Français. La première peinture, disparue, avait déplu aux prêtres de l'église qui la jugeaient trop profane.

Cette peinture naturaliste avait certes ses détracteurs choqués par une conception si humaine de la beauté et de la divinité mais aussi ses ardents défenseurs, tout à sa dévotion, qui collectionnaient les œuvres de son auteur. Grâce à ces amateurs puissants, le Caravage allait obtenir les grandes commandes publiques qui permettraient au plus grand nombre d'avoir accès à ses œuvres.

La représentation sous une forme profane et contemporaine d'épisodes bibliques ou évangéliques constituait une rupture profonde avec les usages de la Renaissance où les artistes recherchaient l'intemporel et l'idéalisation. La carrière artistique du Caravage

Saint Matthieu et l'ange (page précédente) dégage une atmosphère beaucoup plus religieuse que *La Vocation de saint Matthieu* (ci-dessus), traitée comme une scène contemporaine où le Christ fait irruption dans le bureau du collecteur d'impôts qui pourrait être celui du quartier de la place Navone.

LE CYCLE DE SAINT MATTHIEU

dans la cité papale coïncide avec l'instauration de l'ordre moral qui caractérise la papauté de Clément VIII Aldobrandini. Son mécénat, moins brillant que celui de son prédécesseur Sixte Quint, faisait appel à des artistes, comme Frederico

Le cycle de la chapelle Contarelli avait été confié, à l'origine, au peintre Girolamo Muziano, qui n'avait pas commencé son travail au moment

Zuccari, dont la principale qualité devait être la convenance et la reproduction des modèles antiques. Le Caravage va bouleverser ce «retour à l'ordre».

La chapelle Contarelli à Saint-Louis-des-Français

Grâce à l'appui décisif du cardinal Del Monte, le Caravage obtint, le 23 juillet 1599, de la famille Crescenzi, exécutrice testamentaire du prélat français Matthieu Cointrel, une commande pour la chapelle votive qui lui était consacrée dans l'église Saint-Louis-des-Français. Cointrel (Contarelli en italien), issu de la petite noblesse angevine, avait tenu l'office des charges ecclésiastiques auprès du pape Grégoire XIII avant d'être élevé, en 1583, à la pourpre cardinalice. Il avait fait don de plusieurs milliers d'écus en or au profit de la construction et de la décoration de cette chapelle. L'élève succédait au

du décès de Cointrel en 1585. Les retards dans l'aménagement du décor de la chapelle votive amenèrent les prêtres de Saint-Louis-des-Français (ci-dessus) à se plaindre auprès du pape de la négligence des Crescenzi. C'est donc à la rescousse que le Caravage fut appelé par ces derniers afin de réaliser les peintures des parois du sanctuaire.

maître puisque le Cavalier d'Arpin avait déjà décoré la voûte de la chapelle Contarelli. Moyennant 400 écus, somme considérable pour cette époque, le Caravage se vit confier les parois latérales et l'autel. Les prêtres de Saint-Louis, pressés de finir le chantier, lui avaient donné un an pour mener à bien la peinture des trois toiles représentant les épisodes les plus marquants de la vie de Matthieu, l'évangéliste disciple du Christ qui avait donné son prénom à Cointrel : *La Vocation de saint Matthieu*, *Saint Matthieu et l'ange* et *Le Martyre de saint Matthieu*.

Pour la première fois, le Caravage démontrait qu'il était parfaitement possible d'adapter la peinture à l'huile sur toile à des surfaces dont l'ampleur les désignait jusqu'alors pour la fresque. De surcroît, grâce à ses qualités physiques, l'huile rendait plus saisissant encore l'effet de clair-obscur que la tempera, dont les couleurs moins contrastées et plus claires sont beaucoup plus difficiles à mélanger.

Après le cycle des peintures de la chapelle Contarelli, Merisi vit affluer les commandes, monnayées le plus souvent à prix d'or par des amateurs prêts à tout pour détenir une ou plusieurs de ses toiles dans leur collection. Parmi ces collectionneurs du Caravage, on trouve Ciriaco Mattei, riche Romain préposé aux œuvres capitolines, le poète Giambattista Marino ou encore Vincenzo Giustiani, banquier gênois des papes, qui alla jusqu'à en posséder treize dans son palais situé en face même de l'église Saint-Louis-des-Français.

La théâtralité du *Martyre de saint Matthieu* (à droite, et détails) fait appel à une composition complexe où les corps se détachent sur un fond sombre. La scène est à la fois intemporelle – par les corps semi-nus des tortionnaires – et contemporaine par les figures – dont celle du martyr – habillées en costumes d'époque. La maîtrise technique du peintre lui permet des raccourcis audacieux et des vues plongeantes vertigineuses. Ci-dessous, le contrat par lequel le Caravage obtint la commande des peintures de Santa Maria del Popolo.

VIOLENCE ET CLAIR-OBSCUR 45

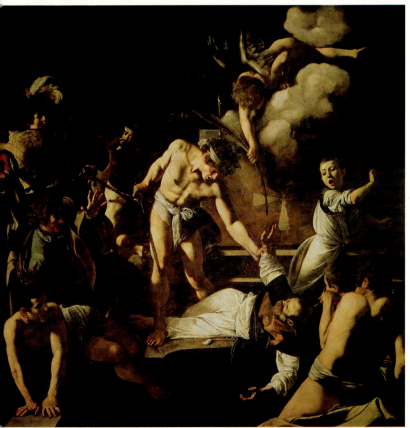

La chapelle Cerasi de Santa Maria del Popolo

Le 24 septembre 1600, pendant que les frères Carrache achevaient, avec la voûte de la galerie du palais Farnèse, le cycle décoratif romain décisif pour la formation du style baroque, Merisi – qui apparaît dans le contrat avec le titre flatteur de *Egregius in urbe pictor* («peintre célèbre de la ville») – obtenait de monseigneur Tiberio

Cerasi, trésorier du pape Clément VIII et grand ami du cardinal Borromée, la commande de deux toiles destinées à décorer les murs latéraux d'une chapelle portant son nom dans l'église Santa Maria del Popolo. Cette église appartenait aux augustins de la Congrégation lombarde.

Cerasi avait également demandé à Annibal Carrache de peindre le tableau au-dessus de l'autel, comme s'il avait voulu rassembler en un même lieu les deux artistes représentant les deux grands courants de la peinture italienne : le courant baroque avec Carrache, le courant naturaliste avec Caravage.

En réalité, Merisi dut s'y reprendre à deux fois et peindre quatre toiles car les deux premières, jugées trop audacieuses, furent refusées par les successeurs de Cerasi, entretemps décédé après avoir légué sa fortune à l'hôpital de la Consolation de Rome. Elles furent achetées par le cardinal Sannesio. La première version de *La Conversion de saint Paul* (celle de *La Crucifixion de saint Pierre* n'a pas été conservée) faisait preuve, il est vrai, d'une conception révolutionnaire. L'iconographie traditionnelle de la scène en avait été revue et corrigée pour faire apparaître Jésus lui-même au lieu et place de l'«éclair divin» qui est censé éblouir l'apôtre en le faisant rouler sous les sabots de son cheval. Quant à la composition de cette toile, où les diagonales se croisent en faisant se mêler corps et couleurs dans un paysage crépusculaire qui n'est pas exempt d'influences vénitiennes, elle faisait davantage songer à un

L'église Santa Maria del Popolo est située à l'entrée de la place du même nom (ci-dessous), au pied du Pincio (et de la villa Borghèse), non loin du quartier des artistes où le Caravage habitait.

UNE NOUVELLE ICONOGRAPHIE 47

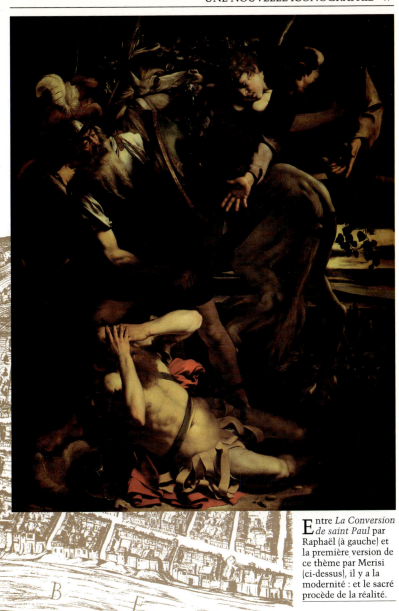

Entre *La Conversion de saint Paul* par Raphaël (à gauche) et la première version de ce thème par Merisi (ci-dessus), il y a la modernité : et le sacré procède de la réalité.

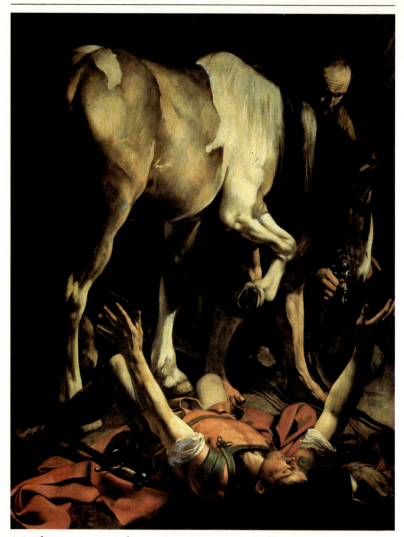

épisode guerrier et profane qu'à une conventionnelle conversion mystique.

Les deux peintures définitives furent néanmoins achevées et acceptées huit mois après la signature du contrat, non sans que le Caravage eût accepté d'en

La *Conversion de saint Paul* (ci-dessus) et *La Crucifixion de saint Pierre* (à droite) procurèrent au

PAUL ET PIERRE 49

baisser le prix... en raison d'un retard de livraison. Ces premiers refus essuyés par le peintre, qui seront suivis par d'autres, démontrent à quel point sa «manière» pouvait heurter la sensibilité religieuse et artistique de son temps.

Caravage une renommée qui allait le rendre célèbre bien au-delà du cercle étroit des amateurs romains.

Les amis, les rixes et les querelles

Merisi avait un caractère brutal et querelleur, cette personnalité dérangeante était faite de bouffées de générosité et de canaillerie à peine dissimulée. Grâce aux autoportraits dont il n'hésite pas à faire usage dans certains tableaux, il est loisible d'imaginer sa force de caractère dans ce visage plutôt ingrat, doté d'un pouvoir de séduction exceptionnel, capable de passer de l'atmosphère raffinée du salon de musique du cardinal Del Monte à la tabagie d'une taverne obscure et mal famée où il ne lui déplaisait pas de faire le coup de poing et de provoquer des querelles. Tous ses biographes ont mis en évidence son penchant pour l'insulte et la moquerie. Tous insisteront sur ce trait de caractère où la part du courtisan raffiné et charmeur – pour ne pas dire calculateur – le disputait à celle du garçon de la rue voyou et insolent. Le Caravage : génie mais bandit.

Déjà, vers 1600, le critique d'art Van Mander mettait l'accent sur le contraste de sa personnalité pour expliquer son génie de peintre : «Après avoir travaillé pendant deux semaines, il va se promener pendant un mois ou deux flanqué d'une immense épée et d'un serviteur, en allant d'une aire de jeu de balle à l'autre, enclin à provoquer en duel et à prodiguer des insultes, ce qui rend quasiment impossible sa fréquentation.» De nombreux documents et procès-verbaux judiciaires attestent ce comportement belliqueux.

Le 19 novembre 1600, un certain Girolamo Stampa porte plainte contre lui pour coups et blessures. Le 28 août 1603, le Caravage et son ami l'architecte Onorio Longhi sont cités en compagnie des peintres Gentileschi et Triseigni au tribunal par le peintre Giovanni Baglione (son médiocre rival et futur biographe) pour diffamation. Il leur est

Un témoignage de police signale qu'au cours d'une algarade avec un certain Marco Tullio, peintre, le Caravage, «alors en convalescence, se faisait porter l'épée par un garçonnet».

PORT D'ARME ET INSULTES 51

Le 28 mai 1605, le capitaine Pirro de la section du Capitole faisait le rapport suivant : «Cette nuit-là, vers 7 heures, je montais la garde avec un de mes hommes [...] lorsque survint Michelangelo qui portait une épée et un poignard. Je procédai à son arrestation et lui demandai s'il disposait de l'autorisation de porter lesdites armes. Devant sa réponse négative, je le fis prendre et le jetais en prison [...] afin qu'il subisse un châtiment mérité.» L'auteur du rapport a dessiné, en marge de la relation (ci-contre), l'épée et le poignard en question.

reproché d'avoir écrit et diffusé un sonnet contenant des insultes contre cet artiste. Cela vaudra au Caravage d'être emprisonné à la prison de la Tor di Nona du 11 au 25 septembre 1603, date à laquelle il sera libéré sur intervention de l'ambassadeur de France – preuve du soutien que lui apportaient les milieux pro-français.

Le 24 avril 1604, il est, cette fois, accusé par un serveur d'auberge de lui avoir envoyé dans la figure un plat d'artichauts et en octobre de la même année, il retourne un mois en prison pour violences et voies de fait. Le 28 mai 1605, il est arrêté pour port d'arme interdite et, deux mois plus tard, c'est pour une agression semble-t-il liée à une affaire de femme, une certaine Lena, qui lui sert de modèle à de multiples reprises, qu'il se retrouve à nouveau devant un tribunal.

52 LES TRIOMPHES ROMAINS

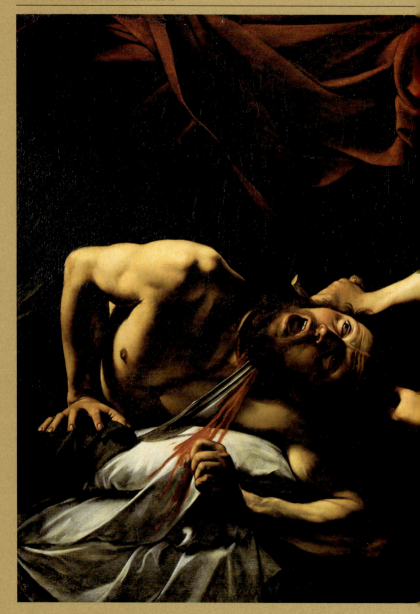

LE RÉALISME DANS L'HORREUR 53

Trois témoignages anciens font référence à des toiles du Caravage représentant *Judith et Holopherne* : Baglione, au sujet d'un tableau appartenant à un dénommé Costa ; le peintre flamand Pourbus dans une lettre datée du 15 septembre 1607 au sujet d'un tableau peint à Naples par le Caravage ; le flamand aixois Finsonius qui légua par testament du 19 novembre 1617 un sujet similaire à son disciple Abraham Vinck. C'est la preuve que Merisi exécuta plusieurs versions de cet épisode de la Bible. Le président de Brosse, dans une de ses lettres familières sur l'Italie, décrit ainsi «Judith coupant la tête à Holopherne par Michel Ange de Caravage : composition et expressions uniques. Remarquez l'horreur et la frayeur de Judith, les affreux débattements d'Holopherne, le sang-froid et la méchanceté de la servante.» Le souci d'un réalisme «cinématographique» est porté ici à l'extrême dans cette scène d'horreur où les flots de sang jaillissent, tel un faisceau lumineux pourpre, du cou tranché, tandis qu'une servante s'apprête à recueillir dans un sac la tête du supplicié.

La sexualité débordante d'un jeune homme

Dans la Rome dépravée des premières années du XVIIe siècle, les jeunes gens de l'espèce de Merisi vivaient dans une ambiance qui leur faisait côtoyer les princes de l'Église tout comme les courtisanes qui remplissaient les nombreux bordels de la ville.

L'épisode du notaire Pasqualone paraît témoigner de l'existence de plusieurs aventures féminines de Merisi qui tempèrent l'image de l'artiste maudit, homosexuel amateur de jeunes garçons au destin quasiment «pasolinien», telle qu'elle a pu être véhiculée par de nombreux témoignages. Certes, le caractère volontiers ambigu de certains de ses modèles corrobore des indications dépourvues de toute ambiguïté (Susinno, Baglione) faisant état d'amitiés masculines. Par exemple, un document daté du 28 août 1603 précise que le peintre Trasegno avait reçu le fameux sonnet diffamatoire contre Baglione des mains d'un certain Jean-Baptiste, «prostitué» (*bardassa*) avec lequel le Caravage et Onorio Longhi «entretenaient une relation amoureuse». Mais Onorio Longhi, compagnon d'équipées nocturnes, était luimême marié et père de cinq enfants ! Du reste, on connaît au moins à Merisi deux aventures féminines, l'une avec une certaine Menicuccia, l'autre avec Maddalena di Paolo Antognetti, dite la belle Lena, superbe aventurière dont la beauté faisait tourner la tête de ses nombreux amants et qui posera pour la *Madone de Lorette*. Le 23 juillet 1605, le Caravage est livré à la justice pour avoir agressé le notaire Mariano Pasqualone da Accumoli chargé, par un jugement du tribunal, de lui notifier l'interdiction de continuer à fréquenter la jeune femme.

La peinture du Caravage traduit certes un goût prononcé pour la représentation des corps masculins, dont la sensualité est amplifiée par le clair-obscur.

Michel-Ange a inspiré plastiquement le Caravage. La parenté est évidente entre *Le Jour* du tombeau des Médicis à Florence (ci-dessus) et le jeune *Jean-Baptiste nu serrant un bélier* (page 58). L'exaltation du corps fut portée au sommet par l'auteur des fresques de la Sixtine dont les «ignudi» allaient servir de modèles à de nombreux peintres baroques et naturalistes. Pour le Caravage, auquel Bellori prête le mot «la nature est mon seul maître», cette influence paraît néanmoins avoir été décisive.

L'AUTRE MICHELANGELO 55

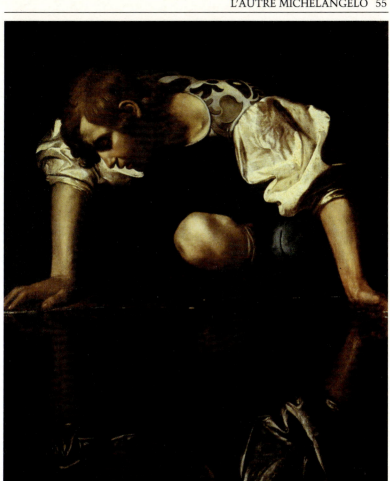

Ses Bacchus ou ses Jean-Baptiste restent d'évidentes illustrations d'une sensualité exacerbée et débordante, qu'on retrouve tout au long de son œuvre, y compris dans ses compositions religieuses les plus mystiques et les plus tragiques des dernières années. Ses représentations féminines n'en demeurent pas moins émouvantes par leur douce humanité.

Le *Narcisse* a été réattribué récemment au Caravage en raison de son caractère poétique et d'une originalité manifeste dans le traitement du sujet.

Saint Jean-Baptiste

Le Caravage a peint plusieurs *Saint Jean-Baptiste*, seul ou avec un bélier, dévêtu ou drapé ; ils sont conservés dans des musées différents. Celui de Kansas City (page 59) fait apparaître un extraordinaire kaléidoscope d'étoffes, de chairs et de feuilles à l'arrière-plan du modèle tandis que les cheveux ébouriffés qui cachent les yeux du Jean-Baptiste de la Galerie Corsini, à Rome (ci-contre), traduisent la volonté de mettre en évidence l'aspect sauvage de la personnalité du saint ermite. Le tableau du musée du Capitole, à Rome également (page 58), appartint à Del Monte auquel l'avait cédé, en 1623, son commanditaire Ciriaco Mattei. On relèvera l'homogénéité de la gamme chromatique de l'ensemble de la série : l'emploi des seules couleurs chaudes deviendra l'un des traits dominants des peintures du Caravage à partir des années 1602-1603. Les tons froids disparaissent pour laisser place à une gamme de carmins, d'ocres, de terres de Sienne et d'ombre dont le peintre fait chatoyer les nuances sur des fonds de plus en plus sombres.

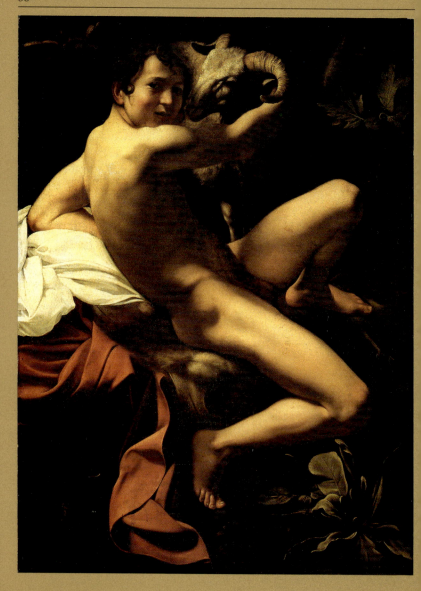

«La Déposition du Christ au Sépulcre»

La renommée du Caravage va lui permettre d'élargir encore le cercle de ses amateurs. Ainsi Maffeo Barberini, le futur pape Urbain VIII (1623), qui sera nonce apostolique près la cour de France en 1603, et son grand ami le prélat Melchiore Crescenzi, camérier du pape Clément VIII, allaient devenir les clients de Merisi, apportant à ce peintre, aussi célèbre déjà que contesté, la consécration officielle des plus hautes autorités de l'Eglise romaine. Outre ce milieu de haute noblesse ecclésiale, on trouve également l'avocat bergamasque Marzio Milesi, qui alla jusqu'à consacrer des poèmes en hommage à des toiles du Caravage qu'il admirait au plus haut point (*L'Amour vertigineux*, *La Madone des palefreniers*).

C'est avec l'immense *Déposition du Christ au Sépulcre*, peinte pour la chapelle Vitrice de l'église Santa Maria in Vallicella (Chiesa Nuova) vers 1602-1603, que le Caravage va repousser plus loin encore les frontières de la scénographie religieuse de son temps. On trouve dans cette *Déposition*, qui peut être lue aussi comme une véritable «Pieta», un sens du raccourci et de la lumière qui met en évidence les figures saisissantes de Nicodème et de saint Jean dont les modèles se retrouvent dans les peintures de Merisi de la même période. Caravage y a représenté Madeleine, bras levés, dans un geste emphatique, tout comme l'apôtre

Rome était un vaste chantier. Chaque congrégation religieuse avait à cœur de construire – ou de reconstruire – des églises (ci-dessus, la Chiesa Nuova). En 1567, Pie V avait donné un statut officiel à cinq ordres : les Franciscains, les Augustiniens, les Carmes et les Oblats, auxquels il fallait ajouter des compagnies de charité et des congrégations comme les Oratoriens. C'étaient autant de commanditaires pour Merisi, sans compter les grandes familles : Borghèse, Barberini, Doria, Aldobrandini, Mattei, Massini, Giustiniani...

Pierre dans *Le Repas à Emmaüs*. Mais l'innovation proprement révolutionnaire réside dans la disposition de la pierre tombale, posée sur la tranche, qui sert de socle à la scène, et dans laquelle de nombreux commentateurs ont vu la «pierre angulaire» du Nouveau Testament, celle-là même sur laquelle est fondée l'Eglise.

La signification religieuse et métaphysique d'éléments simples, car «naturels» en apparence, sera une constante de la peinture de Merisi : la symbolique de sa peinture transcende son aspect profane.

Le Caravage et la Vierge Marie : une piété mariale de conception «révolutionnaire»

Le Caravage avait de la Vierge Marie la perception de saint Ignace de Loyola dans ses *Exercices* : la mère du Christ est enracinée dans le monde des humains pour lequel elle joue le rôle d'intercesseur avec la puissance divine.

Le *Portrait de Maffeo Barberini* (ci-dessus) date de 1601 et fut exécuté, comme le laisse entendre la présence du document officiel roulé sur le côté de la chaise du prélat, pour commémorer sa première nonciature à la cour de France, lors du baptême du jeune Louis XIII. Il s'agit d'un des rares portraits officiels peints par Merisi.

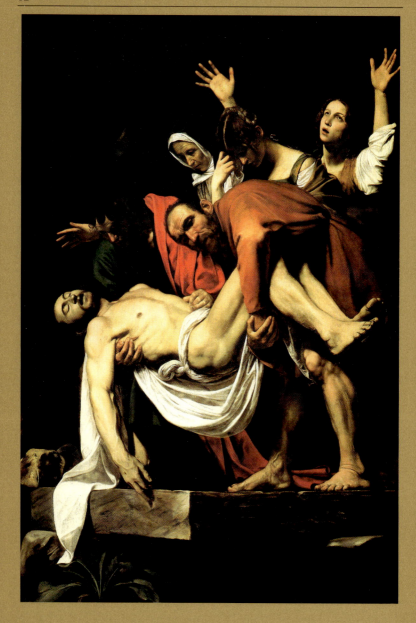

La puissance des raccourcis

« Au nombre des meilleures toiles qui sortirent du pinceau de Michele, on cite à juste titre *La Déposition du Christ* dans la Chiesa Nuova des pères de l'Oratoire » (Bellori). Cette composition monumentale (ci-contre) suscita l'admiration de nombreux artistes tels Rubens ou Fragonard qui en exécutèrent des copies. Cette œuvre ainsi que *La Mort de la Vierge* (page 69) ont été peintes à une époque où l'artiste avait aussi à affronter le procès que lui avait fait Baglione. Le riche Romain Girolamo Vittrice, qui commanda au Caravage la *Déposition*, était le neveu de Pietro Vittrice connu pour sa dévotion à Philippe Neri et à la spiritualité de l'Oratoire. Avec le *Repas à Emmaüs* (page suivante), Merisi va révolutionner la conception classique de la représentation de cette scène – une eucharistie en général – pour en faire un véritable repas animé où l'étonnement presque trivial des deux apôtres contraste avec la divine sérénité du Christ bénissant le pain. Le tableau fut acquis vers 1610 par le cardinal Scipion Borghèse.

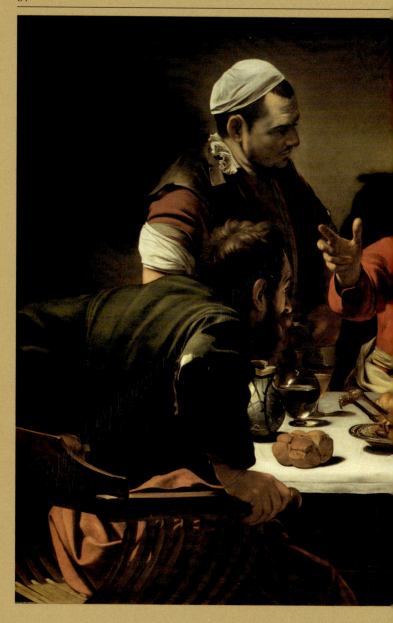

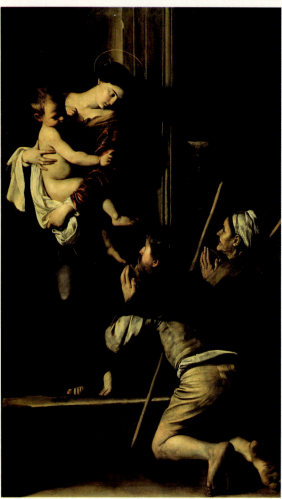

Le 4 septembre 1603, les pères de l'église Sant'Agostino concédèrent aux héritiers du bolognais Ermete Cavalletti une chapelle où devait être installée, selon la volonté du défunt, une toile représentant *La Madone de Lorette* (ci-contre). Le 25 du même mois, le Caravage sortait de prison. Pour représenter la Vierge apparaissant à des paysans de Lorette, il a fait appel à Lena, son modèle préféré, qui tient un enfant Jésus de la taille d'un garçonnet. Baglione critiqua la toile dont il trouvait certains éléments trop triviaux par rapport à la majesté du sujet. Les pieds sales du pélerin agenouillé sont devenus l'un des symboles de l'esthétique caravagesque.

C'est donc à elle qu'il revient d'aider les pêcheurs à se hisser vers la sainteté. Pour le Caravage, Marie incarnait «la» femme et il lui consacrera ses œuvres les plus émouvantes, toutes empreintes de piété. Cela va de la profonde humanité de *La Madone de Lorette* (appelée aussi *Madone des pèlerins*), où la grâce presque dansante de Marie contraste avec la rusticité

LA VIERGE... 67

La confrérie des palefreniers, pour laquelle fut exécutée *La Madone des palefreniers*, ou *Madone au serpent* (ci-contre), disposait de sa propre chapelle dédiée à sainte Anne dans la basilique Saint-Pierre. Comme pour *La Madone de Lorette*, Lena sert de modèle pour la vierge (détails des deux visages ci-dessus).

68 LES TRIOMPHES ROMAINS

des deux paysans qui se prosternent à ses pieds, à la non moins émouvante *Madone des palefreniers* où la mère du Christ écrase elle-même le serpent avec son pied comme si elle voulait protéger son fils. Le décolleté échancré de cette Marie si humaine et sensuelle à la fois, l'originalité du propos et cet enfant Jésus, déjà adolescent, au corps nu si peu enfantin,

« Pour l'église de la Scala in Trastevere, le Caravage peignit *La Mort de la Vierge*. Mais, en raison de l'irrespect avec lequel il représenta la Vierge, le corps gonflé et les jambes nues,

choqueront plus d'un contemporain. Aussi, après avoir exécuté cette toile à la demande de la Confrérie des palefreniers pour figurer dans leur chapelle de l'église Saint-Pierre du Vatican, il dut la retirer de l'autel, sans doute sur requête du nouveau pape Paul V (1605), en raison du caractère choquant – dans le contexte du moment – de cette scène où Merisi n'avait pas hésité à braver de nombreux interdits. Un jeune amateur d'art, Scipion Borghèse, neveu du pape, convainquit la Confrérie des palefreniers de lui céder le tableau qui entra ainsi dans sa collection.

La Mort de la Vierge, considérée comme sa dernière toile romaine connut le même sort. Peinte vers 1605-1606 au *vincolo* San Biagio, la dernière résidence romaine de Merisi, pour la chapelle Cherubini de l'église Santa Maria della Scala, elle fut refusée par les carmes déchaux auxquels le sanctuaire appartenait. C'est Rubens qui l'acheta pour le duc de Mantoue, moyennant la somme très élevée de 300 écus. Loin du hiératisme des classiques dormitions de la Vierge, telles que les peintres italiens les représentaient depuis Giotto, les personnages sont pris sur le vif et, pour accentuer la théâtralité de la scène, le Caravage a installé le lit sous un immense drapé rouge qui lui permet d'orienter la lumière vers le corps de Marie dont l'abandon des mains et les pieds gonflés indiquent une mort toute récente. Bellori insistera sur le caractère choquant de la représentation de la Vierge sous la forme d'«une femme morte et gonflée». Rubens n'avait pas de telles préventions.

le tableau fut refusé et acheté par le duc de Mantoue...» C'est ainsi que Baglione parle de cette œuvre qui fut peinte dans une maison louée par Merisi le 16 septembre 1604, ainsi que l'atteste un document d'archives récemment découvert, et où il exécuta plusieurs de ses chefs-d'œuvre dont *Le Couronnement d'épines*, *Le Christ au jardin des oliviers* et *Le Sacrifice d'Isaac*. Laerzio Cherubini, brillant avocat pénaliste qui occupa de nombreuses charges pontificales, avait versé à la commande cinquante écus et en avait consigné cent trente à donner le jour de l'achèvement. Le peintre prit du retard, occupé qu'il était à achever son autre grande commande officielle de *La Déposition du Christ*.

... ET LA MORT 69

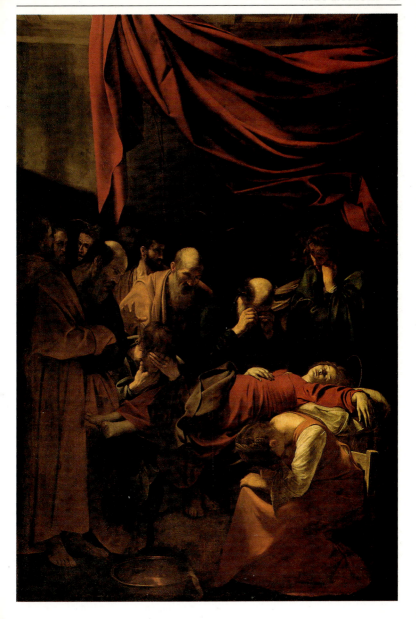

70

Contraint à l'exil, Caravage mène deux années d'errance, d'abord dans le Latium, où il est protégé par les Colonna, puis à Naples, où il arrive en octobre 1606. Quoique traqué et recherché par la police pontificale, il continue à peindre, tout en cherchant à se faire réhabiliter par les autorités romaines.

CHAPITRE III
EN FUITE

C'est en souvenir de la condamnation à mort pour parricide et adultère et de la décapitation de Béatrice Cenci, en 1599, que le Caravage peignit *Sainte Catherine d'Alexandrie* (ci-contre), sous les traits de la prostituée Fillide Melandroni. Le courage de la jeune rebelle, dont le procès défraya la chronique, rappelait celui de la sainte, clouée sur sa roue dentée, face à l'empereur Maxence.

Assassin et condamné à mort

La violence de son comportement dans les rixes allait amener Merisi à commettre un nouveau crime. Le 28 mai 1606, il tue Ranuccio Tomassoni. Le jeune homme, dont la famille était liée à Melchiore et Crescenzio Crescenzi (le Caravage exécuta leurs portraits), était, à l'inverse de son assassin, proche des milieux espagnols. Ils avaient aimé la même femme, Fillide Melandroni, l'une des plus célèbres courtisanes romaines... Tommassoni paraît avoir été aussi violent que Merisi et menait une vie dangereuse et insouciante. C'était un bon client des bordels romains.

Le meurtre a lieu au cours d'un duel, organisé sur un terrain de jeu de balle près du Campomarzio. Le Caravage en sort gravement blessé à la tête. Les compagnons des mauvais jours, Onorio Longhi et Mario Minniti, participent à cette expédition qui tourne au carnage puisqu'un autre peintre, un certain Antonio de Bologna, y laisse également la vie.

De ce drame, on sait finalement assez peu de choses, si ce n'est que ses deux protagonistes avaient, en maintes occasions, l'habitude de se croiser. Il semble qu'ils se soient querellés pour d'obscures dettes de jeu non payées par le Caravage. De surcroît, pour compliquer cette sourde rivalité, les deux jeunes gens appartenaient à deux camps opposés : les pro-français pour Merisi protégé par le cardinal Del Monte ; le camp pro-espagnol pour sa victime.

Plusieurs documents d'archives, contradictoires, attestent la rixe qui a fait du peintre un meurtrier, notamment un rapport du 3 juin 1606 – une semaine après le drame – adressé par Francesco Maria Vialardi à Maffeo Barberini, alors nonce apostolique à Paris. Une lettre du 31 mai 1606, inédite et conservée dans les archives du Vatican, soutient quant à elle la thèse de l'assassinat prémédité et précise que le Caravage était prêt à s'enfuir, disposant à toutes fins utiles d'une somme de 600 écus. Passeri, dans ses *Vite de pittori*, écrites entre 1670 et 1680, consacre plusieurs pages au drame mais plaide pour un meurtre accidentel consécutif à une provocation de la victime. Ci-dessus, la déposition des gardes relatant l'assassinat.

La Conversion de Madeleine (ci-dessous) fait appel au même modèle que *Sainte Catherine* (pages précédentes), Fillide Melandroni. La toile qui représente l'instant où, sous l'influence de Marthe, Madeleine reçoit la lumière du Christ dans son cœur (sous la forme de la fleur), apparaît dans le

Merisi dut quitter Rome clandestinement pour se cacher. Deux jours à peine après le meurtre, Fabio Masetti, agent du duc de Modène à Rome, écrit à son maître que «Caravage, le peintre, s'est enfui de Rome gravement blessé après avoir tué dimanche un homme qui l'avait provoqué» (lettre du 31 mai 1606). La nouvelle s'était répandue comme une trainée de poudre. La justice hispano-romaine était à ses trousses. Dans une lettre postérieure datée du 26 mai 1607, le même Masetti annonce à son correspondant que le Caravage «avait reçu 32 écus» (sans doute un acompte) difficiles à récupérer «en raison du meurtre commis» mais qu'il a bon espoir d'obtenir une grâce parce que ce meurtre était «accidentel» et qu'il en «était sorti gravement blessé».

testament d'un banquier gênois, Ottavio Costa, daté du 6 août 1606. Le tableau a été exécuté vers 1598-1599, à une époque où le peintre demeurait fasciné par la grâce et la beauté de Fillide. Le jeu de la lumière que réfléchit le miroir préfigure ce que seront les grands clairs-obscurs des années suivantes.

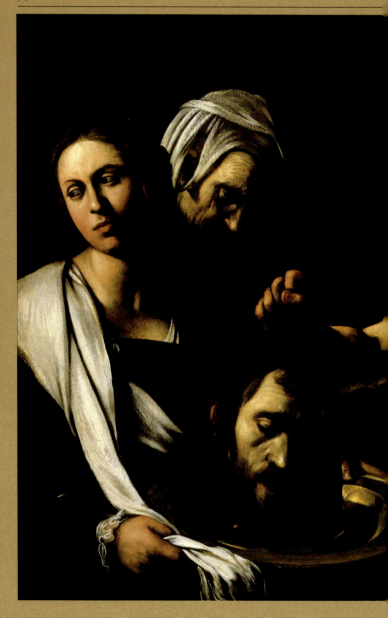

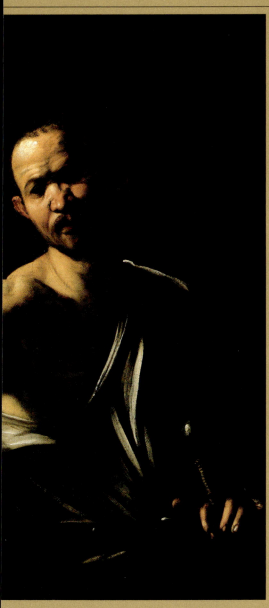

Jean-Baptiste…

L e même modèle paraît avoir posé pour la Vierge de La *Madonne du Rosaire* (p. 84) et la *Salomé tenant la tête de Jean-Baptiste* (ci-contre), l'un des rares tableaux dont il n'est pas fait mention précise par ses biographes mais dont tout indique qu'il a été peint lorsque le peintre se trouvait à Naples. Les visages présentent d'ailleurs des parentés évidentes avec *Les Sept Œuvres de miséricorde* (p. 82), son chef-d'œuvre napolitain. Le personnage du bourreau se retrouve dans une autre œuvre napolitaine de Merisi : *La Flagellation* (p. 85). Par rapport à l'iconographie traditionnelle de cet épisode évangélique, Merisi adopte un parti extraordinairement efficace – pour ne pas dire brutal – en présentant les seuls torses des personnages autour de la tête coupée du supplicié. Le jeu des éclairages accentue la violence de la situation et témoigne de la révolte qu'elle devait inspirer au peintre. L'historien d'art italien Roberto Longhi, à qui revient, en 1959, l'attribution de cette toile pasolinienne par sa violence, y voyait «le point ultime de l'opus caravagesque».

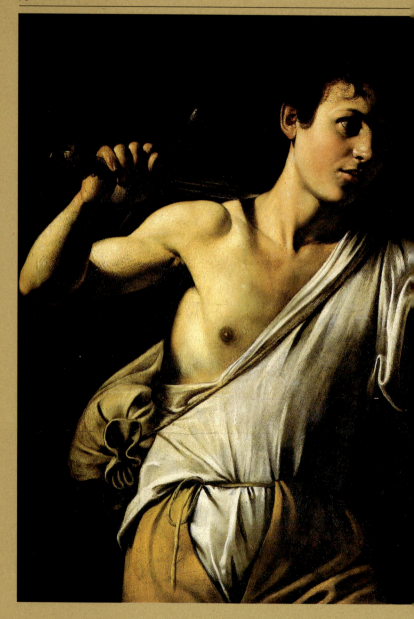

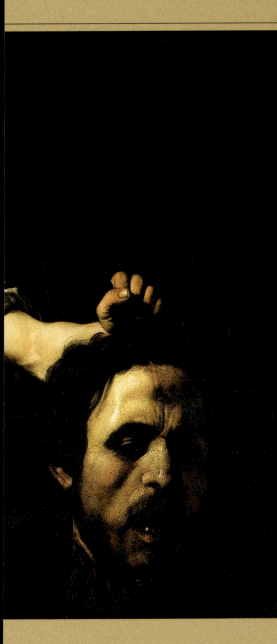

... et Goliath

David tenant la tête de Goliath, peint à Naples en 1607, fit partie des tableaux que les Espagnols, qui administraient la ville, appréciaient particulièrement. Ramené en Espagne en 1617 par le comte de Villamediana, il passa dans la collection du roi Charles Ier d'Angleterre puis dans celle de l'empereur Léopold Ier d'Autriche en 1667. Le contraste entre la jeunesse élégante de David et l'énorme tête de Goliath qu'il tient, tel un trophée, a été ici porté à l'extrême, comme si le peintre, derrière l'iconographie traditionnelle, avait voulu symboliser le combat entre le bien et le mal, ou la pureté et le vice, sans qu'on sache au demeurant de quel côté penche son cœur. Par rapport au *David Borghèse*, ce *David* est à la fois plus apaisé et plus triomphant. Comment ne pas voir dans ce bras tendu dont le poing serré tient la tignasse du géant un geste de défi d'une jeunesse insolente et belle à la mort et à la souffrance ?

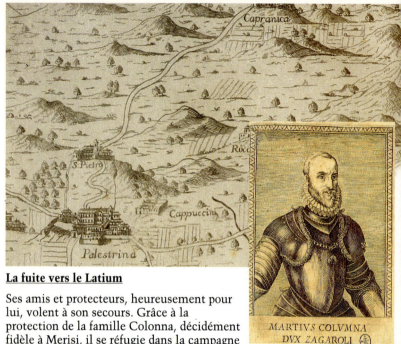

La fuite vers le Latium

Ses amis et protecteurs, heureusement pour lui, volent à son secours. Grâce à la protection de la famille Colonna, décidément fidèle à Merisi, il se réfugie dans la campagne proche de Rome. Certains témoignages attestent ainsi sa présence à Paliano, dont le prince était Filippo Colonna. La dévotion de ce dernier à Frédéric Borromée explique probablement, sans oublier que sa tante était la marquise de Caravaggio, cet indéfectible soutien qui aurait pu lui coûter fort cher puisque le recel d'un assassin était alors un crime puni par la loi. D'autres sources nous renseignent sur un séjour du peintre à Palestrina, autre fief des Colonna dans le Latium. Le cardinal Ascanio Colonna, proche des oratoriens dont *La Déposition du Christ* ornait l'église, en avait été nommé évêque le 6 juillet 1606. D'autres encore font séjourner le Caravage à Zagarolo où il aurait pu bénéficier de la protection du duc Marzio Colonna.

Cette fuite vaut au Caravage une condamnation à mort par contumace. Pendant les quatre ans qui lui restent à vivre, le Caravage cherchera sans relâche à

La famille Colonna, qui protégea Merisi pendant son exil, possédait d'immenses propriétés (*latifundia*) dans le Latium, à Palestrina, Palliano et Zagarolo (carte ci-dessus). C'est pour Marzio Colonna, duc de Zagarolo (portrait gravé ci-dessus), que le Caravage peignit une *Madeleine en extase*, disparue, mais dont subsiste une copie (à droite).

faire commuer cette peine et, mieux encore, à en obtenir l'amnistie définitive.

Une nouvelle façon de peindre

On peut, sans exagérer, considérer sa démarche artistique postérieure à la date du meurtre de Tomassoni comme l'expression d'une volonté pathétique de se racheter une conduite morale. Cette culpabilité sous-jacente, non dénuée de jouissance, car enracinant cet être dans sa marginalité, apparaît aussi comme la conséquence du sentiment religieux borroméen où l'expiation permet à tout péché miséricorde. Ce «piétisme caravagesque», où transparaît la jubilation désespérée d'une véritable «esthétique du mal», marquera ses plus grands chefs-d'œuvre. On ne retrouve plus dans les peintures d'après 1606 l'ironie et l'insolence qui caractérisent ses premières commandes privées romaines, celles de l'insouciance. Le Caravage de la maturité a les accents désespérés du condamné

Le Flamand Louis Finsonius – ou Finson – (1580-1617) arriva à Rome en 1600. Sa *Madeleine en extase* (ci-dessous) a été exécutée d'après un original de Merisi aujourd'hui disparu.

80 EN FUITE

à mort qui cherche par tous les moyens à gagner une absolution divine.

Lors de son bref séjour dans les propriétés que les Colonna possédaient autour de Rome, Merisi ne demeure pas, loin s'en faut, inactif. Ses protecteurs, d'ailleurs, y comptent bien. Ils protègent un artiste qui doit, en retour, les payer en nature. Certaines toiles peuvent, en effet, être datées de façon assez précise de cet été 1606 : la *Madeleine en extase*, *Le Repas à Emmaüs*, signalé en 1624 dans l'inventaire du marquis Costanzo Patrizi de Rome ou encore le *Saint François en méditation*.

Cette activité picturale soutenue, alors qu'il se remet à peine de ses blessures, permet de penser que ses protecteurs exerçaient néanmoins sur lui une certaine pression en monnayant leur aide. Le peintre banni et condamné à mort était protégé par des amateurs assez fous de sa peinture pour prendre le risque de le soustraire à la justice pontificale.

D'après Mancini, le Caravage peignit en 1606 un *Repas à Emmaüs* à Zagarolo, au moment où il s'y cachait. Il s'agit peut-être du tableau ci-dessus, lequel faisait partie des collections du marquis Patrizi. Dans ce cas, cette toile serait l'une des œuvres réalisées par Merisi dans le fief de Marzio Colonna où il s'était réfugié.

CONDAMNÉ À PEINDRE

Réfugié à Naples

Le Caravage doit sans doute à la famille Carafa-Colonna son transfert à Naples en octobre 1606, plus loin encore de Rome, dans une ville où ils possédaient des intérêts. Pendant son exil napolitain, il pouvait enfin avoir pignon sur rue et travailler sous sa propre identité. Des documents d'époque font état, à plusieurs reprises, d'un compte en argent dont il était titulaire auprès d'une banque napolitaine, preuve que cet exil lui était, au moins sur un plan matériel, hautement profitable. L'un de ses clients, Nicolas Radulovitch, riche marchand originaire de Raguse, lui commandera une grande toile représentant une «Madone entourée de saints [Nicolas et Vito]» dont on peut penser qu'il s'agit de *La Madone du Rosaire* (page 84), œuvre transformée ultérieurement à la demande des Dominicains à qui elle était destinée.

Le *Saint François en méditation* (à gauche) est une œuvre poignante, où apparaît une extraordinaire nature morte au crâne; ce serait l'une des toiles peintes par Merisi pendant les quelques mois où il se réfugia dans le Latium. Le *Saint François* (ci-dessus) va plus loin encore dans l'«ars moriendi» puisque le saint tient le crâne dans sa main et s'abîme dans une contemplation que ne vient troubler aucun élément extérieur.

Le premier des deux grands chefs-d'œuvre accomplis à Naples est exécuté pour le Piomonte (Mont-de-Piété). Dans *Les Sept Œuvres de Miséricorde*, pour lequel il reçoit le solde du paiement le 9 janvier 1607, le Caravage

Le marquis de Sade eut l'occasion d'admirer *Les Sept Œuvres de Miséricorde* (ci-dessus) qu'il trouva beau «quoique noirci».

LES SEPT ŒUVRES DE MISÉRICORDE

illustre le passage de l'Evangile de Matthieu où le Christ lui-même énumère les œuvres de Miséricorde qui, lorsqu'on les pratique, sont faites «comme si elles l'étaient à lui-même». La toile était destinée au maître autel de l'église Santa Maria della Misericordia, qui dépendait dudit Piomonte. Elle rapporta 470 ducats au peintre, somme considérable, et devint très rapidement l'une de ses œuvres les plus illustres. La vitesse à laquelle le Caravage l'exécuta (trois mois tout au plus) démontre à quel point il s'agissait d'une sorte de morceau de bravoure – ou pot pourri – dont il portait déjà la conception en lui, comme une sorte de testament pictural. On y retrouve la palette complète de ses réminiscences et de ses prouesses techniques. Il y montre une étonnante capacité de synthèse entre des tendances vénitiennes théâtralisantes et son propre «naturalisme» plus intimiste. En 1613, quelques années après sa mort, alors que la recherche de ses peintures originales prend une allure souvent frénétique, le conseil de fabrique du Piomonte décidera que ce morceau de bravoure «ne pourra être vendu à aucun prix et devra être toujours conservé dans ladite église».

La Madone du Rosaire fait aussi partie des œuvres peintes par Merisi à Naples, même si

Le style de l'immense toile des *Sept Œuvres de Miséricorde* – elle mesure plus de quatre mètres de haut – n'est pas sans rappeler celui du cycle de la Chapelle Contarelli à Saint-Louis-des-Français, consacré à saint Matthieu, ne serait-ce qu'en raison du personnage central, coiffé du même chapeau à plumes. Il s'agit en effet pour Merisi de résumer en une seule scène plusieurs représentations de personnages s'acquittant d'un ou de plusieurs actes de charité : Pero donnant le sein à Cimon son père emprisonné (dit encore «la charité romaine»); saint Martin partageant son manteau avec un pauvre; un aubergiste ouvrant sa porte à un pauvre hère; derrière l'angle du mur, un prêtre accompagnant un mort qui va être enterré. La scène, peinte à partir de modèles vivants paraît se dérouler dans une ruelle de Naples, ce qui confère à l'ensemble une émouvante dimension autobiographique. Il s'agit donc d'une sorte d'anthologie du bien pour laquelle le peintre fait appel, pour la seule fois dans son œuvre, à une iconographie complexe.

les avis divergent quant à sa date d'achèvement, en septembre ou le 7 octobre 1607, et à l'identité du commanditaire. D'aucuns y voient le marchand Radulovitch, mais d'autres pensent qu'il s'agissait de Luigi Carafa-Colonna, celui-là même qui aurait introduit Merisi à Naples, dont le père Marcantonio II Colonna avait été le vainqueur de la bataille de Lépante. Or, le 7 octobre marquait l'anniversaire de cet événement, placé sous la protection de la Madone du Rosaire, et la toile aurait fort bien pu prendre place dans la chapelle du Rosaire des Carafa-Colonna dans l'église napolitaine de San Domenico Maggiore. *La Madone* sera transportée en 1651 dans l'église des dominicains d'Anvers, à la suite de son rachat par un groupe de peintres (parmi lesquels Rubens, mais aussi Jan Brueghel et Frans Pourbus) qui l'avaient offert à cet ordre religieux.

La dernière grande commande napolitaine, *La Flagellation*, lui vint des frères Franco, grands bourgeois membres du Piomonte, pour leur chapelle familale dans la même église de San Domenico Maggiore. Elle rapporta également au Caravage plusieurs centaines de ducats. Partiellement inspirée par la peinture du même thème exécutée par Sebastiano Del Piombo pour l'église romaine de San Pietro in Montorio, cette œuvre, d'une étourdissante virtuosité, repose sur le contraste entre la bestialité violente des geôliers et la sérénité qui émane du corps du Christ, dont le peintre fait surgir les chairs de l'ombre pour mieux les modeler. Ces caractéristiques feront de *La Flagellation* l'une des toiles du Caravage les plus admirées au XVIIIe siècle et l'un des archétypes du genre.

La Madonne du Rosaire (ci-dessus) aurait fort bien pu être commandée par Radulovitch (détail, à gauche, de son portrait supposé en donateur, voir page 81), mais son iconographie a été modifiée par les dominicains auxquels elle était destinée : les saints Nicolas et Vito, qui auraient dû faire partie du premier plan ont laissé la place à Dominique et Pierre martyrs.

LA PASSION SELON CARAVAGE

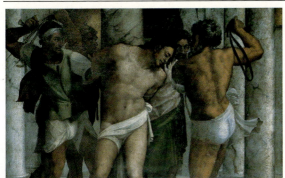

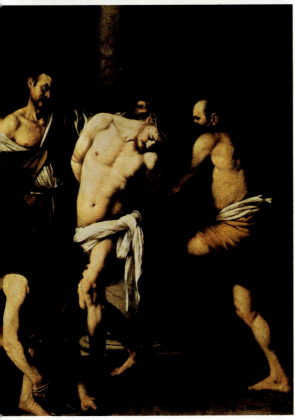

La famille Di Franco (ou De Franchis) pour qui fut peinte *La Flagellation* (ci-contre, en bas) sera annoblie en 1610. C'est Tommaso Di Franco qui procéda au paiement du Caravage et la radiographie de la toile met en évidence un probable portrait du commanditaire, recouvert par le peintre, au niveau de l'épaule du flagellant de droite. Outre la fresque de Sebastiano Del Piombo pour l'église San Pietro in Montorio (en haut), plusieurs œuvres paraissent avoir influencé Merisi, de *La Flagellation de sainte Praxède* attribuée à son maître Simone Peterzano au *Christ* de l'église de la Minerva à Rome, de Michel-Ange. Les personnages du Caravage ont une posture sculpturale, même si le peintre a soigneusement évité les modèles dérivés de l'antiquité classique. Le tableau paraît avoir été exécuté dans un très court laps de temps comme en témoigne la présence de repentirs dans les bras du geolier en bas à gauche, et dans le pagne et le dos du flagellant de droite.

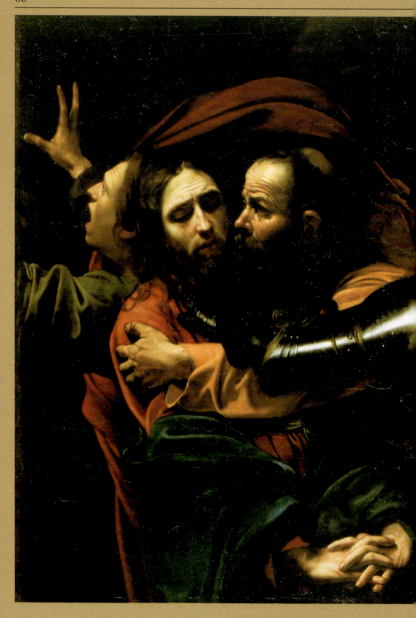

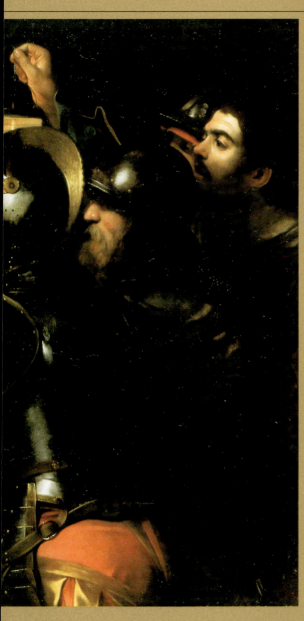

La dernière découverte

L'*Arrestation du Christ* a été découverte en 1993 par Sergio Benedetti, restaurateur des peintures de la National Gallery de Dublin. Jusqu'à cette date, c'est une toile du musée d'Odessa qui était considérée comme l'original de la commande de Ciriaco Mattei en 1602, mentionnée par Bellori. Sergio Benedetti raconte, en ces termes, sa découverte : « Il y a trois ans, je me trouvais au couvent des Jésuites de Dublin pour restaurer un tableau que je voyais pour la première fois, et qui était attribué à Gherardo della Notte [Gérard Honthorst] mais j'ai tout de suite vu la main du Caravage [...] Quant au tableau d'Odessa, il s'agit d'une copie faite une quinzaine d'années après l'original. » Cette œuvre se trouvait dans la collection Mattei jusqu'en 1802, date à laquelle elle fut cédée, avec cinq autres toiles, par le duc Giuseppe Mattei au collectionneur écossais William Hamilton Nisbet, puis vendue aux enchères en 1921, sans identité précise. D'Ecosse, la toile gagna Dublin où elle entra dans le couvent des Jésuites.

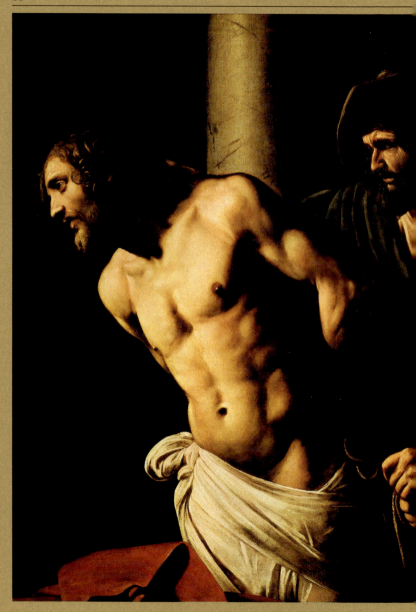

Original ou copie?

La *Flagellation* conservée au musée de Rouen est datée de 1606-1607. Bien que les biographes du peintre n'en fassent pas mention, il s'agit bien d'une œuvre originale, ainsi que l'attestent des repentirs et l'emploi d'une ligne gravée avec le manche du pinceau dans la pâte pour cerner les corps, procédé utilisé à d'autres reprises par le Caravage. Par rapport au même sujet pour l'église San Domenico Maggiore (page 85), le Caravage a opté pour une composition simplifiée à l'extrême car dépouillée de tous les artifices traditionnellement attachés à sa représentation. Cette toile deviendra la référence pour de nombreux peintres caravagesques, de Manfredi à Valentin en passant par Ferrari et Stanzione. Le Christ regarde déjà vers un ailleurs divin tandis que ses tortionnaires, auxquels le peintre a pris soin de donner une apparence «normale» à l'opposé des personnages grimaçants qui jouent généralement ce rôle, accomplissent les gestes d'un sacrifice rituel sans qu'aucun décor ne vienne troubler cet acte de la tragédie.

Une technique parfaite

Le parfait état de conservation du *Couronnement d'épines* offre la possibilité d'étudier très précisément la technique du peintre, depuis le tracé des silhouettes jusqu'à l'apposition des empâtements colorés destinés à accrocher la lumière tout en faisant ressortir le clair-obscur. Le *Couronnement d'épines*, qui, selon Bellori, appartenait à Vincenzo Giustiniani, n'a été attribué au Caravage qu'à partir des années 1960, lorsqu'une meilleure connaissance de son œuvre a permis d'établir des liens évidents entre l'éclairage de la scène et celui des *Sept Œuvres de Miséricorde* ou encore de *La Madonne du Rosaire*. De même, la figure du soldat à gauche n'est pas sans rappeler celle du proconsul Egeas dans *La Crucifixion de saint André*. En outre, le chatoiement des couleurs montre la palette caravagesque telle qu'elle était réellement : d'une variété infinie et capable des harmonies les plus subtiles, même si la violence des éclairages est là pour accentuer les contrastes et souligner le caractère tragique de la représentation.

Les quatre dernières années de la vie du Caravage sont celles d'un artiste traqué, qui va chercher par tous les moyens à obtenir la réhabilitation et l'amnistie pour le crime qu'il a commis. Cette errance, ponctuée par ses chefs-d'œuvre les plus émouvants, l'oblige à repartir sans cesse vers d'autres cachettes pour se terminer le 18 juillet 1610 par la mort sur une plage des rivages de la mer Tyrrhénienne, au nord de Rome.

CHAPITRE IV
L'EXIL,
LE MENSONGE,
LA MORT

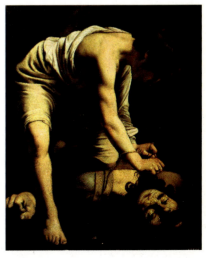

David, presque enfant, se penche sur l'énorme tête de Goliath qu'il vient de sectionner au moyen d'une épée de tournoi ; le clair-obscur offre à la scène sa dimension dramatique.

Le portrait de ce chevalier de Malte (ci-dessous), dit de *Marcantonio Martelli*, est peut-être en réalité, vu la parenté des traits, un portrait du grand maître de l'Ordre, Alof de Wignacourt. La tunique noire, ornée de la croix de soie blanche, est le prétexte à un éblouissant exercice de virtuosité picturale. Cette figure énigmatique, l'un des plus beaux portraits – inachevé – de Merisi, pourrait être le dernier tableau peint par le Caravage à Malte avant qu'il ne s'enfuie.

L'exil à Malte

Pour quelles raisons Merisi décida-t-il, moins d'un an après être arrivé à Naples, de partir à nouveau, cette fois vers l'île de Malte ? Nul, au juste, ne le sait. Etait-il rattrapé par le meurtre qu'il avait commis ? Voulait-il trouver un subterfuge qui lui permettrait à coup sûr d'obtenir une grâce ? L'obtention d'un titre de «chevalier de Malte» était en effet le moyen d'échapper aux juridictions ordinaires puisque les chevaliers relevaient exclusivement des instances disciplinaires de cet ordre fondé à la fin du XIe siècle par Godefroy de Bouillon pendant la croisade. Depuis 1530, l'ordre de Malte avait établi ses quartiers généraux sur l'île du même nom qui lui avait été donnée par l'empereur Charles Quint, roi d'Espagne et, à ce titre, souverain de Sicile.

La date exacte d'arrivée de Michelangelo Merisi à La Valette n'est pas certaine. Des témoignages convergeants le font néanmoins

LE BOURG ET SANGLE DE MALTE

débarquer à bord d'une galère que Fabrizio Sforza Colonna, l'un des fils de la marquise de Caravaggio, amiral de la flotte de l'ordre souverain de Malte, était allé chercher à Marseille, son lieu de construction, pour la convoyer jusqu'à Malte. Elle était arrivée le 12 juillet 1607, après une escale à Gênes et à Naples ; c'est dans ce port que le Caravage serait monté à son bord.

Le 26 juillet 1607, le Caravage se trouve assurément dans l'île car il est cité comme témoin au cours d'un procès pour bigamie d'un peintre sicilien dans lequel on s'accorde à voir son ami de toujours, complice des virées nocturnes, le syracusain Mario Minniti. Dans sa déposition, Merisi se borne à dire que ce sicilien « était arrivé quinze jours plus tôt en galère », accompagné d'un « peintre grec » qui pourrait donc, en réalité, n'être que lui-même, ce qui laisse imaginer une arrivée clandestine à La Valette.

Un titre providentiel

A cette époque, le grand maître de l'ordre, Alof de Wignacourt, avait lancé de gigantesques travaux de rénovation des églises de cette ville aride mais imposante par son architecture civile, militaire et religieuse. Le portrait que le Caravage a peint de lui montre une majesté personnelle dont l'autorité ne souffre pas la moindre contestation. C'est le grand maître qui a tout pouvoir pour conférer aux artistes travaillant pour l'Ordre la croix à huit pointes par laquelle ils accèdent au titre de chevalier. De plus, pour accéder à l'Ordre, il fallait avoir résidé au moins un an dans l'île.

Le Caravage parvint ainsi à se faire nommer « chevalier de grâce » le 14 juillet 1608, un an après son arrivée. Certains de ses biographes voient dans cette nomination la récompense du grand maître pour ce portrait. Ce titre de chevalier de grâce était conféré

Le *Portrait d'Alof de Wignacourt* (ci-dessous) fut expédié assez tôt en France puisqu'on le retrouve en 1670 dans les collections de Louis XIV. Comme tous les biens lui appartenant, selon la règle de l'Ordre, c'est ce dernier qui aurait dû logiquement hériter de la toile. Le fait qu'il ait pu ainsi s'en désaisir témoigne de l'embarras du grand maître lorsqu'il dut chasser le Caravage. Selon Baglione, c'est grâce à ce portrait de cérémonie où le grand maître est revêtu d'une armure de parade que Merisi fut nommé « chevalier de grâce ».

aux postulants qui ne pouvaient justifier des quartiers de noblesse nécessaires pour être nommés «chevaliers de justice». Le banni, condamné à la peine capitale, était donc parvenu à entrer dans l'un des ordres de

La dramaturgie de *La Décollation* en fait l'une des œuvres les plus mystiques du peintre.

SIGNÉ PAR LE SANG 97

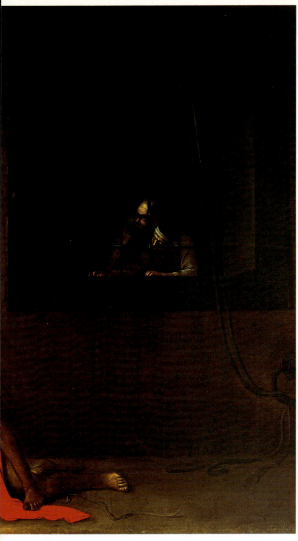

Le Caravage a signé *La Décollation de saint Jean-Baptiste*, achevée en juillet 1608, en lettres de sang qui s'écoulent du cou tranché de la victime (détail ci-dessous). La scène se déroule dans la cour de la prison : Salomé s'apprête à recueillir la tête de Jean-Baptiste dans un bassin. Le gardien emprunte les traits de Philippe de Wignacourt, le frère du grand maître qui commanda le tableau. Le bourreau se prépare à donner le coup de grâce au moyen d'un couteau de chasse tandis que trois personnages – une vieille femme éplorée et deux hommes derrière des barreaux – assistent au martyre de celui qui baptisa le Christ.

chevalerie les plus fermés de la chrétienté. De fait, c'est au moyen du sigle «Fra», tel que l'utilisaient les chevaliers, qu'il signe *La Décollation de saint Jean-Baptiste*, son œuvre maltaise majeure.

La fuite de Malte et l'expulsion de l'Ordre

Un événement imprévu devait toutefois contrarier la courte mais belle carrière maltaise du chevalier Caravage. Sa production picturale atteste en effet qu'il s'était parfaitement intégré à son nouveau milieu. Le marginal s'était apparemment coulé sans problème dans ses nouveaux habits de peintre officiel de l'ordre souverain.

Les circonstances qui le conduisirent en prison, au château Saint-Ange de La Valette, demeurent obscures. Lui fut-il reproché d'avoir gravement offensé un chevalier de justice de l'Ordre? En réalité, il paraît beaucoup plus probable que son crime et sa condamnation à mort, soigneusement occultés aux yeux du grand maître, avaient été finalement portés à sa connaissance.

Pris en flagrant délit de mensonge et de tromperie, le Caravage ne pouvait qu'encourir les foudres des autorités maltaises. La bulle datée du 1er décembre 1608 par laquelle il est radié de l'Ordre et expulsé porte la mention «en tant qu'élément pourri et fétide» (*tanquam membrum putridum et fetidum*), qui fait allusion à des faits d'une autre gravité que la simple querelle entre chevaliers. Notre homme avait d'ailleurs pris les devants. Quelques semaines plus tôt, le 6 octobre, il s'était enfui de la prison où on l'avait enfermé pour gagner la Sicile. Tout était

Le *Saint Jérôme écrivant* (à gauche) fut peint pour la cathédrale de La Valette. Le visage du saint a été peint sous les traits du grand maître Alof de Wignacourt.

à refaire. L'amnistie pontificale et romaine redevenait indispensable pour effacer la double infamie dont il était désormais coupable.

Syracuse : le Caravage baptise les Latomies

Sa fuite eut été impossible s'il n'avait bénéficié, une fois de plus, de nombreuses complicités. Syracuse était la première escale pour les navires qui partaient

Salomé tenant la tête de Jean-Baptiste a aussi été peinte à Malte. D'après Bellori, le tableau fut offert à Alof de Wignacourt pour s'attirer ses bonnes grâces.

L'EXIL, LE MENSONGE, LA MORT

de Malte vers le nord. Le Caravage aborda cet ancien port grec au mois d'octobre de l'année 1608. Grâce à son vieux complice, le Syracusain Mario Minniti, il obtint la commande de *L'Enterrement de sainte Lucie* pour l'église du même nom.

Au cours de son séjour à Syracuse, le Caravage avait pu découvrir les célèbres Latomies, carrières de calcaire creusées par les Grecs, où le tyran Denys emprisonnait ses opposants. La visite du Caravage dans ce haut-lieu de curiosité est relatée par un archéologue local, Vincenzo Mirabella, dans un opuscule publié par ce dernier en 1613. Dans ces gigantesques carrières, la légende veut qu'un

Merisi a peint avec *L'Enterrement de sainte Lucie* un épisode peu représenté de la vie de la riche et jeune syracusaine dénoncée comme chrétienne par son fiancé alors qu'elle avait fait vœu de chasteté, ce qui lui valut la mort.
Ci-dessus, l'«oreille de Denys», l'une des Latomies de Syracuse.

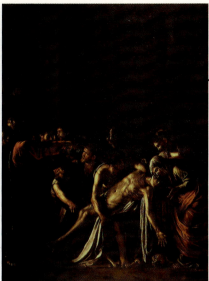

phénomène acoustique permettait au tyran d'écouter les conversations des prisonniers, d'où le nom qui leur aurait été attribué par le Caravage «d'oreille de Denys» par lesquelles on les désigne encore aujourd'hui. L'entrée des catacombes devant laquelle Merisi présente *L'Enterrement de sainte Lucie* n'est d'ailleurs pas sans rappeler l'atmosphère sépulcrale de ce lieu.

Messine : le vrai-faux chevalier de Malte

Le Caravage doit écouter son séjour à Syracuse, sans doute avant la fin de 1608, pour se rendre à Messine. Il semble avoir fait le voyage en se présentant comme chevalier de Malte. Peut-être espérait-il que son expulsion ne viendrait pas tout de suite aux oreilles de ses clients et protecteurs. A Messine, l'Ordre possédait en effet un prieuré très actif. Lorsque le riche commerçant génois Giovan Battista De Lazzari commande au peintre une *Résurrection de Lazare* pour la chapelle votive de sa famille en l'église des Porte-Croix, il pense avoir affaire à un chevalier de Malte. La peinture est livrée le 10 juin 1609 et le

La Résurrection de Lazare (ci-dessus) s'écarte de l'iconographie traditionnelle de cette scène. Le mouvement du corps de Lazare qui reprend vie sert d'axe directeur à une impressionnante disposition de têtes éclairées où l'on reconnaît, contre l'index du Christ, l'autoportrait du Caravage. Avec cette composition savante que les plis des étoffes contribuent à construire, un nouveau style apparaît, que le peintre ne pourra malheureusement développer, vu qu'il lui reste très peu de temps à vivre.

document qui en atteste livraison porte bien la mention de *cavaliere gerosolamitano* (chevalier de Jérusalem).

Cette œuvre permit à Merisi d'obtenir une commande encore plus prestigieuse puisqu'elle émanait du sénat de Messine, pour l'église des Capucins. Il s'agit d'une *Adoration des bergers* qui lui fut payée (tout comme la commande de Lazzari) la somme faramineuse de mille écus. Dans cette œuvre votive, il jette les bases iconographiques de la «nativité pauvre» qui sera reprise par de nombreux artistes européens au XVIIe siècle.

Palerme et la légende du «demi-fou»

La Nativité avec saint François et saint Laurent fut peinte à Palerme en août 1609 pour l'oratoire de la compagnie de Saint-Laurent. A cette époque, la ville était largement sous contrôle espagnol. Pour éviter tout tracas avec l'Inquisition, le Caravage se montre plus conformiste dans cette dernière œuvre

La Vierge de *L'Adoration des bergers* (ci-dessus) s'inscrit dans un délicat ovale tandis que les personnages masculins forment un solide rempart protecteur, d'où émerge un berger, l'épaule découverte. Tout participe de la rhétorique de la pauvreté telle que la prônaient les Philippins de l'oratoire de Philippe de Neri. *L'Amour endormi* (ci-contre), peint vers 1608, est l'un des rares thèmes de l'antiquité profane dont s'inspirera le peintre dans les dernières années de sa vie.

LE SACRÉ ET LE PROFANE 103

La Nativité avec saint François et saint Laurent a longtemps été considérée comme la dernière œuvre de Merisi. Jusqu'à son vol, le 17 octobre 1989, le tableau est resté dans son lieu d'origine, l'oratoire de Saint-Laurent. L'œuvre est quelque peu anthologique. La pose de saint Joseph rappelle le *Torse du Belvédère* du Musée du Vatican; l'ange descendu du ciel reprend la figure inversée de celui des *Sept Œuvres*; saint Laurent porte une ample chasuble peinte à la façon de Titien. Cette œuvre de commande a été exécutée en quelques semaines malgré ses dimensions importantes. Les toiles siciliennes du Caravage, peu nombreuses, sont capitales, tant par leur taille que par leur ambition. Commandes officielles, elles permirent à Merisi de renouer avec les très grands formats tels qu'il les avait pratiqués à Rome autour des années 1600.

sicilienne. Il a notamment recours au procédé de l'ange qui tient la banderole du «*gloria in exelsis deo*» comme s'il cherchait à se dédouaner par avance de toute critique quant au caractère profondément naturaliste du reste de la composition, de la même veine que *L'Adoration des bergers*.

Lorsqu'il quitte la Sicile pour revenir à Naples, à l'automne de 1609, le Caravage laisse derrière lui des

L'EXIL, LE MENSONGE, LA MORT

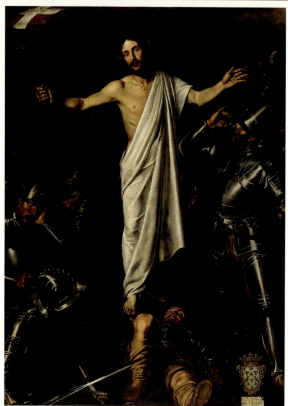

souvenirs qui constitueront le début de sa légende de peintre génial mais psychopathe. L'un de ses clients, Di Giacomo, parle de son «cerveau dérangé». Cent ans après sa mort, son biographe Susinno le qualifie de «demi-fou», «extravagant et casse-cou» et raconte comment il aurait lardé de coups de poignards la *Résurrection de Lazare* au motif que le tableau avait été critiqué; il le montre refusant de se signer à l'eau bénite devant la Vierge du Pilero sous prétexte qu'il n'avait aucun péché véniel à se faire pardonner puisque tous ses péchés étaient mortels; il raconte comment il avait sévèrement blessé un maître d'école du nom de Carlo Pepe qui l'empêchait de recruter des

Plusieurs biographes du Caravage mentionnent une toile représentant *La Résurrection du Christ*, peinte au cours de son séjour à Naples. Finsonius exécuta une copie (ci-contre) de cette œuvre pour l'église Saint-Jean-de-Malte à Aix-en-Provence, où il se rendit, à son retour de Naples. Cette copie joua un rôle non négligeable dans la diffusion du style caravagesque en Provence au XVIIe siècle. Dans son *Voyage d'Italie*, Nicolas Cochin décrivait ainsi, en 1758, l'original du Caravage disparu lors d'un tremblement de terre au début du XIXe siècle : «C'est une imagination singulière, le Christ n'est point en l'air et passe en marchant au travers des gardes, ce qui donne une idée basse et le fait ressembler à un coupable qui s'échappe de ses gardes. D'ailleurs, le caractère de nature est d'un homme maigre et qui a souffert. La composition de l'agencement est fort belle et la manière en est ferme et ressentie avec goût [...] ce morceau est beau.»

jeunes gens pour lui servir de modèles et «les soumettre à ses fantaisies».

Naples et la tentative de recours en grâce

Le retour à Naples du Caravage est attesté par une agression dont, une fois n'est pas coutume, il est victime devant l'auberge du Cerriglio. L'informateur romain du duc d'Urbino – qui s'intéressait de près au Caravage, tout comme d'autres rabatteurs au service de collectionneurs cherchant à acquérir ses œuvres –, dans un message expédié à son maître daté du 24 octobre 1609, prétend même que Merisi y a laissé la vie. Cette thèse sera d'ailleurs reprise par Baglione qui attribue le crime à la vengeance du grand maître de l'ordre de Malte poursuivant l'imposteur de sa vindicte.

Des sources historiques récemment mises au jour permettent d'avancer qu'à son arrivée, le Caravage avait été arrêté par les Espagnols, puis relâché par eux mais maintenu sous contrôle judiciaire. Cet ultime séjour napolitain s'achèvera en juillet 1610, avec le départ pour Rome.

C'est donc un artiste surveillé par la police et la justice de Naples qui va livrer trois de ses tableaux les plus importants, malheureusement disparus lors du tremblement de terre de 1805, au cours duquel fut détruite l'église Sainte-Anne-des-Lombards pour laquelle ils avaient

Le *Saint Jean-Baptiste Borghèse* (ci-dessus), daté de 1610, est peut-être le tableau que le peintre avait emmené avec lui sur le bateau qu'il avait pris pour se rendre de Naples à Porto Ercole, où il devait mourir. Merisi a représenté Jean-Baptiste dans une pose presque nonchalante, la jambe gauche appuyée sur un rondin de bois tandis qu'à l'arrière plan un bélier broute une vigne vierge. Le dépouillement du style et le traitement très simple du sujet sont la caractéristique des dernières peintures de Merisi, même s'il retrouve ici le modèle de jeune homme qu'il affectionnait. A gauche, Merisi en chevalier de Malte, par Ottavio Leoni.

été peints. Il s'agissait de *Saint François recevant les stigmates*, d'un *Saint Jean-Baptiste* et d'une *Résurrection* dont le peintre nordique Finsonius exécuta en 1610 une copie qui se trouve actuellement dans l'église Saint-Jean-de-Malte à Aix-en-Provence.

Au cours des derniers mois de son existence, le Caravage redoubla d'ardeur au travail. Pas moins de sept peintures, outre les trois disparues, sont en effet considérées comme ayant été peintes au cours de son deuxième séjour napolitain lequel, il faut le rappeler, n'aura duré tout au plus que huit mois. Certes, on peut imaginer qu'il travaillait, comme c'était courant à cette époque, avec des aides d'atelier. Mais la personnalité particulière de Merisi amène à émettre quelques doutes sur sa capacité à diriger une équipe d'apprentis qui suppose une constance peu compatible avec une vie d'errance.

Son retour n'était pas passé inaperçu : ses commanditaires se recrutent au sein de la très haute noblesse non napolitaine : les Gonzague de Mantoue ou les ducs de Lorraine pour une *Annonciation*, ou le prince génois Marcantonio Doria pour un *Martyre de sainte Ursule*, sa dernière œuvre documentée.

C'est par l'intermédiaire de ces princes qu'il parvient à renouer le dialogue avec les autorités romaines pour tenter d'obtenir, à tout prix, cette grâce du pape Paul V qui lui permettrait de revenir dans la ville aimée, Rome.

C'est parce qu'il avait été commandé par un Génois que *Le Martyre de sainte Ursule*, à l'allure déjà rembrandtienne, fut expédié le 27 mai 1610 de Naples par la felouque *Santa Maria di Porto Salvo* pour arriver à Gênes le 18 du mois suivant. La légende de sainte Ursule et des onze mille vierges fut probablement choisie par Marcantonio Doria, le commanditaire de l'œuvre, en souvenir de sa bru, également prénommée Ursule. La scène représente le tyran, furieux d'être repoussé par Ursule, venant de lui blesser le sein d'un coup de flèche qui va la tuer. Cet épisode a été raconté dans la *Légende dorée* (ou vie des saints) de Jacques de Voragine, l'une des sources essentielles de l'iconographie des artistes de la Contre-Réforme. Le Caravage s'est représenté sous les traits du tyran, preuve s'il en était besoin du sentiment de culpabilité qui l'habitera tout au long de sa vie.

Le Caravage, ou la peinture comme moyen d'expier ses crimes et ses péchés...

Le cardinal Ferdinand de Gonzague fut l'intermédiaire, mais le Caravage pouvait également compter sur un autre appui de taille à la cour pontificale en la personne du cardinal Scipion Borghèse, grand amateur de ses peintures, qui se portera acquéreur du *David Borghèse*, l'une de ses œuvres les plus tragiques, où Merisi ira jusqu'à se représenter sous les traits de Goliath décapité, pour mieux convaincre les plus hautes autorités religieuses qu'il avait désormais reconnu son crime, et afin d'en obtenir la grâce. Certains ont avancé que cette peinture expiatoire aurait même été offerte directement au pape lui-même par Merisi, tandis qu'une *Salomé* peinte à Naples aurait été adressée par le Caravage au grand maître de l'ordre de Malte pour bénéficier d'une réintégration.

Mais il fallait convaincre le pape de son vrai repentir. Et, pour cela, il fallait aller à Rome. C'est donc à bord d'une felouque qu'embarque le Caravage, au tout début de juillet 1610. Il a pris avec lui quelques effets personnels et un tableau représentant *Saint Jean-Baptiste*. Curieusement, la propriété de cette toile sera revendiquée dès le 19 août 1610, quelques semaines après sa mort, par le vice-roi de Naples, don Pedro Fernando de Castro. Le Caravage, sous contrôle judiciaire espagnol, aurait-il été contraint de mettre cette œuvre en caution auprès d'un vice-roi amateur de ses peintures ? L'hypothèse n'est pas improbable.

La lame de l'épée du *David Borghèse* – étonnant double autoportrait du peintre (ci-dessus) – porte l'inscription H.AS.OS, abréviation

LA MORT SUR LA PLAGE... 109

Une mort conforme à sa vie : opaque et tumultueuse

Les circonstances exactes de son décès, sur le rivage toscan de Porto Ercole, le 18 juillet 1610, restent inconnues.

Le Caravage meurt sur une plage de sable noir. Des témoignages tardifs prétendent qu'il y fut assassiné. D'autres avancent qu'il décéda de blessures mal cicatrisées depuis son agression à Naples. Baglione et Bellori ont écrit qu'il est mort des suites de fièvres sur la plage, où il tentait de regagner sa felouque «après qu'il eut été arrêté par erreur par les Espagnols»; «Mort d'épuisement et de manque de soins», écrit Mancini pour être sûr de ne pas être contredit, dix ans après la disparition d'un des plus grands génies de la peinture occidentale. Sur la mort du peintre, le mystère demeure. de la formule *"Humilitas Occidit Superbiam"* que certains lisent *"M.A.C.O."* (*Michaeli Angeli Caravaggio Opus*).

L'art du Caravage va faire école, non seulement en Italie mais aussi en France, en Espagne et dans l'Europe du Nord où de nombreux artistes, tout au long du XVIIe siècle, se réclament du maître du clair-obscur. Le courant caravagesque débordera toutefois le siècle de l'âge classique. La figure du peintre maudit renaîtra avec le Romantisme. Quant au style naturaliste dont le Caravage reste le précurseur, il constitue une tendance toujours présente dans la création contemporaine.

CHAPITRE V
LA POSTÉRITE DU CARAVAGE

Le Syracusain Mario Minniti, compagnon des bons et des mauvais jours, avait un réel talent de peintre, comme en témoigne *La Flagellation du Christ* (à gauche), où l'influence du Caravage apparaît à la fois dans le sujet et dans l'éclairage de la scène.

La construction de la légende par les biographes

Les nombreuses zones d'ombres de la vie tumultueuse de Merisi contrastent avec l'abondance de ses biographes. Ces derniers, dont certains n'hésiteront pas à romancer les épisodes les plus connus de la vie de leur héros, ont ainsi contribué à façonner la légende de l'artiste violent, déviant et marginal, impossible à vivre ; bref le grand rebelle dressé contre l'ordre établi. Giovanni Baglione (1571-1644) est le seul à l'avoir réellement côtoyé. Mais son procès en diffamation contre Merisi fait de son récit un texte

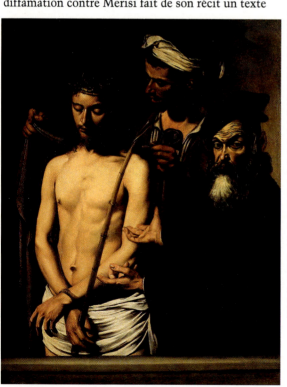

L'*Ecce Homo* du Caravage (ci-contre), mentionné dans un document autographe du peintre daté du 25 juin 1605, est l'une de ses toiles les plus énigmatiques. Peinte pour Massimo Massimi qui avait commandé deux autres tableaux du même sujet à Cigoli et Passignano, elle sera transportée en Espagne avec laquelle les Massimi avaient des liens. L'originalité de la composition d'un Christ presque adolescent désigné d'un geste cynique par un Pilate coiffé d'un béret ne pouvait que frapper les artistes espagnols. Un portrait de l'amiral génois Andrea Doria, vainqueur de la flotte de Charles Quint, par Sebastiano Del Piombo, paraît avoir inspiré Merisi ; mais certains veulent y voir le visage de Galilée.

forcément partial qui témoigne néanmoins d'une connaissance intime du milieu artistique romain dont ce peintre chroniqueur faisait partie.

Giulio Mancini (1558-1630) fut également contemporain du peintre mais il ne le rencontra pas. Les quelques pages qu'il a consacré à Merisi, vers 1620, sont moins bien documentées que celles de Pietro Bellori (1615-1696) dans les *Vite de pittori, scultori ed architetti* publiées en 1642, à un moment où la légende du Caravage était déjà bien installée dans les esprits.

Deux biographes non italiens s'intéressèrent au Caravage quelques années après sa disparition. Karl Van Mander (1548-1606) fut, parmi les contemporains de Merisi, le premier à lui consacrer une courte notice dans son *Schilderboeck* (1604), qui commence par un éloge sans détour : «Il y a également à Rome un certain Michel Ange de Caravage qui fait des choses remarquables.» Joachim von Sandrart (1606-1688) témoigne de la trace indélébile laissée par Merisi dans les milieux artistiques romains jusqu'à la fin du XVIIe siècle. Sa *Vie du Caravage*, publiée en 1675, se veut exhaustive mais elle comporte déjà de très nombreuses erreurs ; preuve de l'importance du «mythe Caravage», il déforme exagérément le personnage de cet artiste à la réputation sulfureuse dont les admirateurs se disputaient âprement les œuvres.

Parler de légende, ou de mythe, c'est évidemment faire état de l'immense prestige artistique dont Merisi a joui tout au long du siècle classique. De ce prestige, le Caravagisme sera la principale conséquence.

L'influence du Caravage en Italie

La peinture italienne de la première moitié du XVIIe siècle restera très marquée par le Caravage. Les caravagesques romains et napolitains, même s'ils n'ont pas tous, loin s'en faut, côtoyé Merisi, ont été

Orazio Gentileschi (1563-1639) fut partie au procès qui opposa le Caravage à Baglione. Ses effets de clair-obscur – quoique baignés d'une lumière plus froide – s'inspirent directement de ceux de Merisi comme on peut le voir dans *Le Repos pendant la fuite en Egypte*. Il termina sa carrière à Londres, au faîte de sa gloire, après un séjour à Paris au cours duquel il influença de nombreux peintres français, parmi lesquels on peut citer Louis Le Nain, Laurent de La Hyre et Philippe de Champaigne, mais également des peintres hollandais, venus visiter le palais du Luxembourg, où il travaillait.

directement influencés par ses œuvres et fascinés par son existence tumultueuse.

La «révolution» esthétique du Caravage – car c'en est une – concerne non seulement la «manière» de peindre mais aussi l'objet de la représentation elle-même. Le télescopage entre la divinité ou la sacralité d'un thème et son traitement profane était une audace de la peinture oubliée depuis Giotto. L'esthétique de la renaissance symbolisée par la perfection d'un Raphaël ou d'un Vinci visait à représenter avant tout la «grâce» et l'«équilibre». Le maniérisme de la renaissance tardive avait déjà, dans une certaine mesure, permis à des créateurs de génie comme le Parmesan, Rosso ou Primatice d'explorer d'autres sentiers à la fois plus profanes mais aussi plus mystérieux qui demeuraient néanmoins le prolongement d'un style dont les canons esthétiques étaient figés car l'art était censé représenter un monde «idéal», voire un «autre monde» que la réalité quotidienne.

Merisi, rompant avec une tradition qui n'arrivait plus à se renouveler, va entraîner dans son sillage de nombreux artistes qui se rangeront sous sa bannière naturaliste : les Gentileschi (Orazio et Artemisia), Saraceni, Allori, Caracciolo. Tous n'auraient pu accomplir le même parcours si le Caravage ne leur avait ouvert la voie, celle d'une peinture où l'intériorité et le mysticisme l'emportent désormais sur la *maniera*, où l'art de l'«être» est mis plus haut que celui du «paraître».

Le Jugement de Salomon (ci-dessous) donna son nom à son peintre, un français anonyme, actif à Rome vers

1615. Son classicisme puise ses racines dans le milieu napolitain et dans la sensibilité caravagesque.

Le «caravagisme» : une école de peinture

Le Caravage a-t-il formé des disciples ? La question demeure sans réponse. Sa vie et sa personnalité ne lui auront jamais permis de tenir un atelier – une *bottega*

– ouvert à des apprentis. Il n'y eut donc jamais d'«académie Caravage», même si, dans ses dernières peintures, certains critiques ont pu déceler la main de coadjuteurs.

En revanche, Merisi a quelque dix ans d'avance sur ceux qu'on ne tardera pas à appeler les peintres caravagesques. Ces peintres s'inspirent non seulement de son style, mais lui empruntent ses thèmes et sa façon de sacraliser la scène profane pour mieux jouer l'ambiguïté du sacré. En ce sens, on peut, sans tordre le cou à l'histoire, faire de lui le fondateur d'une école qui, avec celle des Carrache, constitue l'une des deux grandes tendances picturales du XVIIe siècle.

Rome ville ouverte

Rome : sans elle, le caravagisme n'eut pas existé. La ville pontificale, autour de 1600, était en effet devenue le point de passage obligé de tous les artistes. De l'Europe entière, on y accourait, non seulement pour admirer les ruines de l'Antiquité romaine, mais surtout pour se remplir les yeux des fastes et des chefs-d'œuvre que les grands artistes de la Renaissance classique et maniériste y avaient laissés.

Certains faisaient le voyage de Rome pour quelques mois ; d'autres s'y fixaient pour plusieurs années

Rome était un vaste atelier vers lequel convergeaient la plupart des peintres européens. Ils souhaitaient, au contact des vestiges de l'Antiquité, se former dans les *botteghe* où officiaient des artistes plus confirmés (ci-dessus, *Taddeo Zuccari dessinant à Rome*). Les peintres français vinrent nombreux, de Martin Fréminet, vers 1595, à Jean et Jacques Lhomme, Charles Mellin, Jacques de Lestin, Claude Mellan ou Jacques Stella. Tous sont recensés par les *stati d'anime* (états d'âme, c'est-à-dire états civils) établis chaque année par les paroisses de Rome. On en trouve aussi trace dans les registres des corporations romaines.

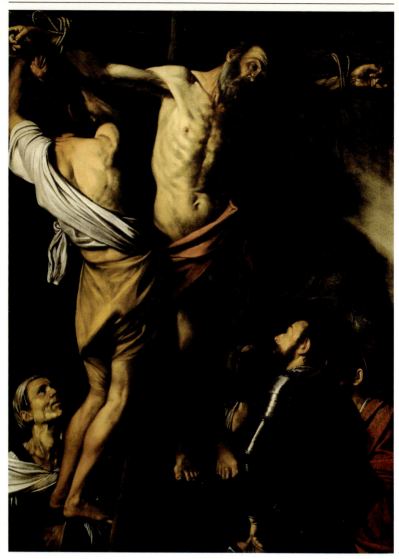

avant de revenir chez eux. De véritables colonies
d'artistes étrangers s'étaient établies autour de la via
del Babuino, dotées de leurs propres institutions, liées

par la solidarité de la nationalité et concourant, au même titre que leurs collègues italiens et sans rencontrer le moindre ostracisme, aux commandes publiques et privées. Beaucoup de ces émigrés deviendront, précisément, des «caravagesques» et reviendront dans leur pays d'origine pour, à leur tour, y faire école.

Naples et l'Espagne

Naples vers 1610, est la ville méridionale européenne la plus importante. Sa population est trois fois supérieure à celle de Rome. Le passage du Caravage, pour bref qu'il ait été, a révolutionné la peinture napolitaine. Les vice-rois espagnols de Naples y étaient constamment à la recherche de toiles à envoyer dans les palais royaux d'Espagne, et c'est par Naples qu'arriveront les inspirateurs italiens des peintres espagnols du Siècle d'Or. Ainsi Jusepe Ribera (1591-1652) «lo spagnoletto», napolitain d'adoption protégé par le vice-roi de Monterey, doit-il beaucoup au Caravage, son aîné de quinze ans, qu'il n'a pourtant jamais rencontré et dont il reprendra à la fois la palette chromatique et le goût pour la peinture des corps. Ribera est en outre le trait d'union stylistique entre le Caravage et Vélasquez, son ami. *Los Borrachos* ou *La Forge de Vulcain* sont des toiles

La *Crucifixion de saint André* (à gauche) fut peinte par Merisi pour Don Juan Pimentel y Herrera, comte de Bénévent, vers 1607, quand il se trouvait à Malte. Le tableau fut exposé à Valladolid en 1610 dans le palais du comte mais la toile fut malheureusement abîmée lors de la guerre civile de 1936. Avec la *Salomé* du palais royal de Madrid, cette œuvre où, curieusement, le saint n'est pas crucifié sur une «croix de saint André», est le seul tableau important de Merisi à avoir été peint pour un amateur espagnol. *La Forge de Vulcain* (ci-contre) de Vélasquez témoigne de l'influence du Caravage sur les peintres espagnols – même si ce thème mythologique n'a pas été traité par Merisi – et du même souci de représentation «naturelle», en utilisant la technique du clair-obscur qui donne à la peinture une atmosphère si particulière.

118 LA POSTÉRITÉ DU CARAVAGE

du plus pur style caravagesque. De même, les peintres nordiques Louis Finson et Abraham Vinck résidèrent à Naples où ils purent s'adonner à la copie des œuvres du Caravage avant de regagner la France puis les Flandres.

Caravagesques du Nord

Les Caravagesques flamands et hollandais ont servi de trait d'union entre la peinture de la Méditerranée et celle du nord de l'Europe. L'archétype du

Le caravagisme n'hésite pas à prendre la rue pour sujet : buveurs, joueurs de dés, tireuses de cartes, prostituées, rixes et querelles prennent peu à peu le pas sur la peinture religieuse. Le thème de *L'Arracheur de dents* (à gauche par le Caravage, à droite et détail ci-dessus par Rombouts) fait également partie de ces scènes anecdotiques où aucune prétention historique n'est visée, mais plutôt la recherche d'une émotion ou d'une impression.

UNE PARENTÉ QUI S'ÉTEND 119

caravagesque flamand reste Ludovic Finsonius (1580-1617), dit Finson, dont le grand érudit aixois Peiresc indique la présence à Marseille à son retour de Rome vers 1615. Pasticheur du Caravage, il peint de nombreux autels en Provence, où il collabore avec le néerlandais Martin Faber, avant de regagner les pays du nord et

Amsterdam. Certains peintres flamands, tels Gérard Seghers (1591-1651), s'adonneront au caravagisme avant de retrouver un style plus proche de celui de Rubens, lui-même admirateur du Caravage, après 1630 ; d'autres, comme le gantois Jan Janssens (1590-1646) ou l'anversois Théodore Rombouts (1597-1637), resteront au contraire fidèles au naturalisme de Merisi tout au long de leur carrière.

Les caravagesques du nord ne doivent pas être confondus avec les «italianisants» qui font le voyage de Rome sans pour autant être soumis à l'influence du Caravage. Ces Hollandais «romanisants», comme Poelenburgh, Breenbergh, Wittenbroeck ou Van Laer sont très différents des véritables caravagesques, tels Ter Brugghen (1588-1629), qui rencontra Caravage et Gentileschi à Rome avant de rentrer à Utrecht en 1615 ; Baburen (1595-1624), qui décora la chapelle romaine de San Pietro in Montorio où sa *Mise au tombeau* devint l'un des tableaux les plus populaires du XVIIe siècle ; et surtout Honthorst (1590-1656), dont le surnom romain était «Gherardo della Notte» (Gérard de la Nuit) tant il était devenu le virtuose des éclairages artificiels...

Bellori décrit en ces termes la diffusion des tableaux du Caravage hors d'Italie, qui constituent le meilleur vecteur du caravagisme : «Partout où on apprécie la peinture, ses couleurs enchantent les amateurs. La figure de *Saint Sébastien* avec deux ministres lui attachant les bras fut emmenée à Paris. C'est l'une de ses meilleures toiles. Le comte de Bénévent, qui fut vice-roi de Naples, emporta en Espagne *La Crucifixion de saint André* et le comte de Villa Mediana acquit le *David* peint en buste ainsi que le portrait du *Jeune Homme tenant une fleur d'oranger*. A Anvers, on trouve la toile du *Rosaire* dans l'église des Dominicains, l'une de ses œuvres les plus renommées...» Et le même Bellori ajoute : «Et nombreux furent ceux qui imitèrent sa manière de colorier le naturel et qui, de ce fait, sont appelés "naturalistes".»

Les caravagesques

A l'égal du Caravage, de Manfredi, de Ribera et de Honthorst, Valentin de Boulogne (à gauche son *Concert au bas-relief*) eut droit à une biographie dans les ouvrages de Baglione, Bellori et Baldinucci ; à Rome, ses toiles se vendaient aussi cher que celles de Poussin. Aussi bien Vélasquez – le Bacchus couronné de pourpre de *Los Borrachos* (ci-contre) rappelle étrangement le même personnage peint par Merisi – que Georges de La Tour, dont le sublime *Tricheur* (page 122) évoque, en plus sophistiqué encore, celui du Caravage, mais aussi Ter Brugghen (*La Vocation de saint Matthieu*, page 123, puise ses sources dans le cycle de la chapelle Contarelli de Saint-Louis-des-Français) participent du courant caravagesque européen dont la diffusion, jusque vers 1670, aura une influence déterminante sur les écoles de peintures nationales. De récentes recherches dans les archives permettent de mieux connaître d'autres peintres caravagesques qui restent encore presque inconnus.

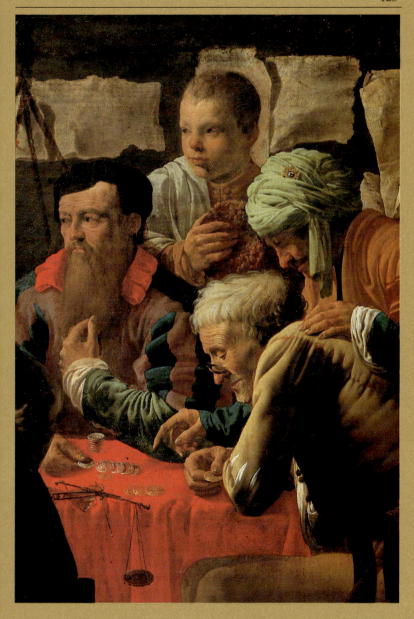

LA POSTÉRITÉ DU CARAVAGE

Les caravagesques français

Entre 1610 et 1630, de jeunes peintres français installés à Rome adoptent le style et les thèmes du «maître» disparu. Ils se connaissent tous. Leurs liens sont étroits. Le premier, arrivé à Rome vers 1611-1612, se nomme Valentin de Boulogne (1591-1632). Il est suivi par Simon Vouet (1590-1649), dont la carrière italienne durera quinze ans et sera des plus brillantes puisqu'il obtiendra, outre de nombreuses commandes publiques, le titre de prince honoraire de l'académie de Saint-Luc après l'avoir dirigée, preuve s'il en est qu'il était considéré comme un peintre officiel. Autour de ces deux hommes : Claude Vignon, (1593-1670), Nicolas Tournier (1619-1627), Nicolas Régnier (1590-1667) ou encore Trophime Bigot (1579-1649), peintre arlésien de nocturnes, qui amène à poser le problème des relations caravagesques de Georges de La Tour (1593-1652).

La Tour s'est-il rendu à Rome pour y recevoir une formation ? Aucun document, jusqu'à présent, n'a pu l'attester. Les parentés entre le peintre du *Nouveau-Né* et celui des *Sept Œuvres de Miséricorde* sont pourtant nombreuses, au-delà du caractère exceptionnel de leurs personnalités. Il est permis de penser que Georges de La Tour a pu voir en Lorraine ou à Paris des tableaux caravagesques, à défaut d'avoir

Les historiens d'art découvrirent tardivement, vers 1960, grâce à des documents d'archives, le nom de celui qu'on appelait «maître à la chandelle», auteur d'une quarantaine de «nuits» où l'éclairage provient toujours d'une flamme de bougie. Trophime Bigot partit pour Rome en 1605 après avoir rédigé un testament qu'il signa sous le nom de Trufamont Bigoti. En 1621 et 1630, son nom apparaît dans les *stati d'anime* et les délibérations de l'académie de Saint-Luc à Rome, dont il était un assidu. Il y jouissait d'un succès certain puisque deux tableaux signés de lui appartenaient aux collections de Vincenzo Giustiniani. Le biographe Sandrart en a fait l'un des membres les plus actifs de la colonie des peintres français actifs à Rome. Le *Saint Sébastien soigné par sainte Irène* au luminisme très savant (ci-contre), dont la parenté avec Georges de La Tour est évidente, est probablement l'une des toutes dernières œuvres de Bigot.

contemplé des originaux du maître. Certaines toiles de La Tour sont en effet très proches de celles de Trophime Bigot, tant par la science de l'éclairage et des glacis que par les sujets (*Souffleur à la lampe*, *Saint Sébastien soigné par sainte Irène*).

Le naturalisme dans la peinture occidentale

Au XIXe siècle resurgissent des réminiscences caravagesques, pratiquement absentes au siècle précédent, portées par la vague romantique. La redécouverte de la nature non idéalisée va provoquer un attrait nouveau pour l'œuvre de Merisi, après une réelle éclipse au XVIIIe siècle, à l'exception peut-être de l'anglais Wright of Derby, rare exemple de réinterprétation réussie du style caravagesque.

Tableau emblématique du XIXe siècle, *Le Radeau de la Méduse* de Géricault emprunte au Caravage la

Georges de La Tour, par le prestige de son œuvre et sa postérité, est un peu le Caravage français. L'historien Taine, qui l'admira à Rennes en 1863, trouvait *Le Nouveau-Né* (ci-contre) «absolument sublime» : «tableau hollandais» où la «rudesse du rouge intense» du vêtement de la mère «jette un chaud reflet sur ce petit bloc de chair ronde».

LA POSTÉRITÉ DU CARAVAGE

Joseph Wright naquit le 23 septembre 1734 à Derby. Il dut sa renommée à une série de «tableaux à la chandelle».
L'Expérience sur un oiseau dans une pompe à air (1768), ci-contre, est l'un des plus célèbres et fit sensation lors de son exposition à la Society of Artists. Flaubert ne fut pas le moins enthousiaste : «Wright : expérience de la machine pneumatique ; effet de nuit ; deux amoureux dans un coin – le vieux (à longs cheveux) qui montre l'oiseau sous le verre – Petite fille qui pleure – Charmant de naïveté et de profondeur», écrivait-il en 1865 au sujet de cette toile très complexe qui est aussi une réflexion sur la mort (au premier plan, dans un bocal, le peintre a représenté un crâne humain en décomposition).

LE NATURALISME 127

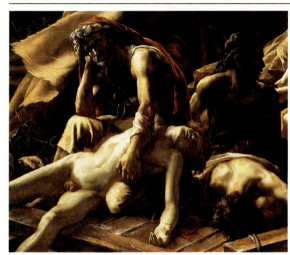

mise en scène des corps grâce à la lumière, tandis que le réalisme de Millet et de Courbet témoigne de la même volonté de rupture avec l'académisme ambiant qui animait la démarche esthétique de Merisi.

La figure de l'artiste génial mais maudit, telle que Verlaine a pu l'incarner au XIXe siècle, correspond parfaitement à l'image du Caravage. Sur ce modèle, on retrouve nombre de créateurs de la période moderne et contemporaine, à commencer par Van Gogh, dont la personnalité violente n'est pas sans parenté avec celle de Merisi, et par l'écrivain et cinéaste Pier Paolo Pasolini, sans oublier Francis Bacon (1909-1994) et son goût pour les corps mis en scène.

Si l'on devait évoquer, au-delà de toute filiation purement stylistique, le legs du Caravage dans ce qu'il a pu apporter de tension dramatique et aussi d'humanité à la création plastique, il faudrait aller plus loin encore. Car derrière la vie aventureuse et risquée de Merisi, il y a tout simplement un artiste «engagé», qui sert par conséquent de modèle à tous ceux qui, aujourd'hui, se réclament de la modernité. Le Caravage est un artiste moderne.

Géricault partit pour l'Italie en 1816 et s'établit à Rome dans le quartier des artistes, au pied de la Trinité-des-Monts, là même où les caravagesques français avaient leurs *botteghe* deux siècles auparavant. L'influence du Caravage sur Géricault fut au moins aussi décisive que celle de Michel-Ange, ainsi qu'en témoigne l'esthétique du corps dans *Le Radeau de la Méduse* (détail ci-contre), son chef-d'œuvre qui fera scandale au Salon de 1819.

Peintre de la réalité, Caravage avait le génie de la sublimer au point d'exhumer la beauté des scènes qui ne devaient normalement inspirer

que la pitié. Tout comme la photographie «caravagesque» prise par Georges Merillien au Kossovo en 1990 (ci-dessus). Page suivante, *Jupiter, Neptune et Pluton*, unique décor du Caravage (texte page 39)

128

TÉMOIGNAGES ET DOCUMENTS

IV

Une personnalité complexe et une œuvre majeure

Parmi les biographes du Caravage, Baglione et Bellori contribuent plus que d'autres à la connaissance de la vie de l'homme et de l'œuvre du peintre. Le premier, qui l'affronta dans un procès, offre un regard singulier sur un rival haï; le second, dont la démarche se voulait documentée et historique, vaut pour son intuition sur l'apport du Caravage à la peinture européenne du XVIIe siècle.

Le Cavalier d'Arpin (ci-dessus) a été le premier maître de Merisi à Rome.

Une jeunesse mouvementée, vue par un contemporain

Baglione décrit, dans des termes où le dénigrement perce toutefois sous l'admiration, les premières années de «Michelange» de Caravaggio.

Michelange naquit en Lombardie à Caravaggio. Il était fils d'un maître compagnon qui construisait des maisons avec talent, de la famille Amerigi [Merisi]. Il commença à apprendre à peindre mais, faute de professeur, il dut se rendre à Milan où il habita quelque temps. Puis il partit pour Rome afin d'y apprendre avec diligence toutes les subtilités de cet art de virtuose. Et il commença par faire affaire avec un peintre sicilien qui tenait boutique où il vendait des peintures mal dégrossies.

Par la suite, il alla habiter chez le cavalier Giuseppe Cesari d'Arpin et y demeura quelques mois. C'est là qu'il commença à peindre à sa manière et à exécuter des tableautins où il se représentait devant un miroir. Le premier était un Bacchus accompagné de grappes de raisin, le tout exécuté avec diligence, même si son style demeurait un peu aride. Il peignit aussi un enfant mordu par un lézard caché dans des fleurs et des fruits; et cet enfant semblait vraiment pousser un cri strident.

Malgré cela, il ne parvenait pas à les vendre, ni à les faire circuler, de sorte qu'il se trouva sans un sou, vêtu de haillons jusqu'à ce que maître Valentin de Saint-Louis-des-Français, marchand de tableaux de son état, ne commençât à faire connaître ses tableaux; et c'est ainsi qu'il fut remarqué par le cardinal Del Monte, lequel, pour se délecter pleinement de sa peinture, le prit chez lui et lui donna gîte et couvert.

Rome, alors en plein chantier, est le théâtre des exploits du jeune peintre, génie autant que voyou, peintre autant que courtisan. Ci-dessus, la place des Saints-Apôtres.

Sur la personnalité de Merisi, Baglione est des plus explicites :

Michelange Amerigi fut d'un caractère satirique et hautain. Parfois, il lui arrivait de dire tout le mal qu'il pensait des peintres d'hier et d'aujourd'hui, quels qu'ils soient; de sorte qu'il était persuadé de surpasser tous ses confrères par la qualité de ses œuvres. D'aucuns estiment qu'il a, par ses théories, miné le métier de peintre, car de nombreux jeunes se bornent à copier par exemple la tête d'un modèle sans même la dessiner au préalable en se contentant de la superficialité de la couleur; c'est ainsi qu'ils ne savent plus apparier deux figures, ni peindre une histoire vécue car ils n'ont pas vraiment compris ce que signifie peindre.

Michelange avait aussi l'esprit quelque peu échauffé, ce qui le rendait dissolu. Il ne cessait de se colleter avec les unes et les autres. Il fréquentait des individus querelleurs et violents; il se battit avec Ranuccio Tomassoni, jeune homme de bonne famille, à l'occasion d'une partie de jeu de balle. Michelange le tua d'un coup d'épée au flanc alors que le malheureux était à terre.

La conclusion de Baglione est chargée d'acrimonie :

Si Michelange n'était pas mort aussi vite, il aurait profité pleinement de sa maîtrise dans le maniement des couleurs pour peindre la réalité; même s'il avait peu de discernement dans le choix de ses modèles, ne sachant trop choisir entre les beaux et les laids. Cela ne l'empêcha pas d'atteindre une certaine renommée et ses toiles valaient d'autant plus cher que, comme dit le dicton populaire, on ne juge pas avec les yeux, mais on peut regarder avec les oreilles.

Giovanni Baglione,
Les Vies des peintres, sculpteurs et architectes, Rome, 1642
trad. J. Frèches

Le premier critique de l'œuvre

Bellori insiste, comme Baglione, sur le primat de la couleur dans la manière de peindre de Merisi et explique comment ce dernier choisissait ses modèles.

[…] Si bien qu'il aspirait à la seule exaltation de la couleur afin de rendre plus vraie que nature la carnation, la peau et le sang, et l'aspect superficiel des choses, car c'est cela qu'il recherchait avant tout, en laissant de côté tous les autres aspects de la technique picturale et des pensées de l'art. De même, pour les modèles et leurs postures : s'il en voyait qui lui plaisaient dans une ville, il se contentait de les prendre et n'allait jamais chercher plus loin. Il peignit une jeune fille assise sur un tabouret les mains sur la poitrine, en train de sécher ses cheveux. Il l'avait attirée chez lui et, ajoutant à sa pose un vase précieux, des pierreries et un collier, il en fit une *Madeleine* [*repentante*].

De sorte que les peintres romains étaient éblouis par son innovation et surtout les jeunes qui accouraient vers lui et célébraient son talent inimitable de copieur de la nature et ils voyaient dans toutes ses toiles des miracles, et ils tâchaient de l'imiter du mieux qu'ils pouvaient en dénudant des modèles et en disposant des chandelles tout autour. Et, sans attendre d'être dans un atelier pour y être enseigné, chacun trouvait facilement alentour le maître et les exemples pour copier la nature. Devant de telles facilités, seuls les vieux peintres prisonniers de leurs théories demeuraient imperméables à cette nouvelle façon d'aborder la réalité : ils ne cessaient de critiquer le Caravage et son style en prétendant qu'il était incapable de sortir de la cave où, faute d'imagination et de dessin, il coloriait toutes ses figures sous éclairage artificiel, ce qui lui permettait d'éviter les nuances et les dégradés de couleurs. Toutes ces accusations n'eurent aucun effet sur sa renommée croissante.

Au sujet des circonstances de la mort du peintre, Bellori se montre plutôt prolixe.

Lorsqu'il embarqua sur une felouque, pour aller à Rome, il était encore courbé de douleurs [Bellori raconte comment, quelques jours avant, le peintre avait été blessé au visage au cours d'une rixe devant une auberge de Naples]. Il avait déjà obtenu du pape son acquittement grâce à l'intervention du cardinal Gonzaga. Arrivé sur la grève, il fut arrêté par erreur par une garde espagnole en patrouille et fait prisonnier. Bien qu'il ait été prestement relâché, la felouque avait, entre temps, pris le large avec ses affaires à son bord. C'est ainsi qu'il se retrouva à errer, sans boisson ni nourriture, sur une grève chauffée à blanc par le soleil d'août, non loin de Porto Ercole. Il s'y abandonna et fut pris par les fièvres, il mourut, quelques jours plus tard, à l'âge d'environ 40 ans, en 1609, décidément une année funeste puisqu'elle nous emporta aussi Annibale Carrache et Frederico Zuccari. C'est ainsi que le Caravage quitta ce monde, sur une plage déserte, au moment où Rome attendait son retour. La nouvelle de cette mort si inattendue créa un choc immense.

Pietro Bellori, *La Vie des peintres, sculpteurs et architectes*. Rome , 1672
trad. J. Frèches

Les épitaphes rédigées par Marzio Milesi (ci-contre) relatent la mort tragique du Caravage sur la plage de Porto Ercole. Au centre, un portrait gravé du peintre qui illustre une édition de l'*Academia nobilissimae artis pictoriae*, de Joachim von Sandrart, contenant l'une de ses premières notices biographiques.

M · M · Sar · Inscriptiones
et elogia

Raphaeli · Sanctio · pictori
qui omnes · prius · genitos
futurosque postea
superavit
Vix · ann · XXXVII · integros

ac · Naturae · aemulatione
praecipuo

Adamo · Elsheimero · Francofurtensi
pictori · in · minimis · maximo
Obiit · mense · Decembri · die · X ·
nocte sequente · diem · Veneris
hora · octava
anno · Dom · M · DC · X ·

Pro imaginis simulachro
Mich · Angel · Merisius · de Caravagio
eques · Hierosolimitanus
naturae · aemulator · eximius
Vix · ann · XXXVI · m · IX · D · XX
Moritur · XVIII · Iulii · M · DC · X

Michaeli · Angelo · Merisio · Fermi F
de · Caravagio
in · pictoris iam non · pictori
sed · naturae · prope · aequali
obiit · in · portu · Herculis
e · Parthenope · illuc · se · conferens
Romam · repetens
XV · Kal · Augusti
anno · CHRI · M DCX
Vix · ann · XXXVI · mens · IX · D · XX
Martius · Milesius · Jur · Cons
amico · eximiae · indolis
· · · · P · · ·

Michel Angelo · Merisio · Fermi F
e · Caravagio
pictori
cuius · inspiciens · simulachra
vera · esse · corpora · si · ambiges
ne · miseris
Naturae · atque · arti · foedus
in · illis · est · quod · decipit
Martius · Milesius · Jur · Cons
amico · benemer
F
· · · · · · · ·

Le dossier judiciaire

Les minutes du procès qui opposa le Caravage à Baglione – publiées à ce jour uniquement en italien – témoignent de la violence de l'affrontement entre les deux peintres. Les archives romaines contiennent de nombreux autres documents judiciaires où le nom du Caravage apparaît.

Les sonnets diffamatoires, motif du procès intenté par Baglione contre le Caravage, ont été conservés dans les archives (ci-dessus).

Le procès Baglione

Le procès qui opposa, au cours de l'été 1603, Baglione au Caravage, éclaire la personnalité du peintre. On en a sélectionné ci-après quelques extraits significatifs parmi les documents d'archives qui retracent cet épisode judiciaire (trad. J. Frèches).

Plainte de Giovanni Baglione, peintre, le 28 août 1603

Il faut savoir que je suis peintre et que j'exerce mon métier à Rome depuis plusieurs années. Aujourd'hui, j'ai réalisé une toile représentant *La Résurrection* pour le supérieur général des Jésuites et voilà qu'Onorio Longhi, Michelangelo Merisi et Orazio Gentileschi prétendent l'avoir réalisée eux-mêmes. Et surtout, Michelangelo et ses suppôts Orazio et Onorio, pour se venger de moi et me nuire, se répandent en propos désobligeants à mon égard et dénigrent mes œuvres. Plus précisément, ils ont écrit des poèmes destinés à me moquer, à me calomnier et à me nuire. je les présente ci-joints et me les suis procurés auprès du peintre Tommaso Solini; lequel m'a dit les avoir obtenus de Filippo Trasegno, peintre lui-même de son état. Ce dernier affirme qu'ils les ont écrits en sa présence, et notamment celui qui s'intitule «Gioan Bagaglia...» et un autre *in quarto* qui s'intitule «Gioan Coglione» [Jean le Couillon].

La plainte comporte le texte des sonnets diffamatoires qui étaient joints au dépôt de la plainte.

Gian Bagaglia tu n'es pas une flèche
Tes peintures sont des fautes
Tu peux t'assurer qu'avec elles
Tu ne gagnerais

TÉMOIGNAGES ET DOCUMENTS   135

Diverses pièces concernant le procès intenté par Baglione (ci-dessus).

Pas un seul centime
Pas même de quoi
te faire une paire de braies.

Le reste du texte est à l'avenant, parsemé de mots grossiers et d'expressions douteuses. L'interrogatoire de Tommaso, fils de Battista Salini, habitant à Rome dans la via della Croce, permet d'identifier sans hésitation l'auteur de ces versets diffamatoires.

Je me dois de vous dire que je connais le peintre Filippo Trasegno depuis deux ans. Celui-ci me remit, il y a deux ou trois mois de cela, des poèmes diffamatoires contre la personne de Giovanni Baglione, au cours d'une promenade pendant laquelle il me dit, en réponse à une question que je lui posais relative au tableau que ledit Baglione avait peint pour l'église du Gésu, que Michelange de Caravage, Onorio Longhi et Orazio Gentileschi avaient écrit des poèmes destinés à ridiculiser Giovanni.

Filippo m'a dit que ces sonnets avaient été écrits par Michelange et Onorio et qu'ils lui avaient été donnés par un prostitué qu'ils fréquentaient dont le nom est G. B. et qui habite un pâté de maison derrière le sien.

Je suis convaincu que Michelange et Orazio ont fait ça par dépit.

Le 13 décembre 1603, le Caravage comparaissait devant le tribunal. Son témoignage est intéressant à plus d'un titre car il nie être l'auteur des vers en question.

J'ai été arrêté l'autre jour sur la place Navone et j'en ignore le motif.

La *Résurrection du Christ*, de Giovanni Baglione, conservée au musée du Louvre.

J'exerce le métier de peintre et connais tous les peintres talentueux de Rome : Joseph, le Carrache, Zuccari, Pomarancio, Gentileschi, Prospero, Andrea, Baglione, Gismondo et Giorgio Tedesco, Tempesta et bien d'autres.

Parmi ces peintres, ne figurent parmi mes amis ni Joseph, ni Giovanni Baglione, ni Tedesco à qui je ne parle pas, alors que je parle à tous les autres.

Parmi ces peintres, sont bons Joseph, Zuccari, Pomarancio et Annibale Carrache. Les autres sont médiocres.

Après avoir distribué bons et mauvais points, Merisi donne sa définition, assez provocatrice, du bon peintre.

Sont valeureux ceux qui s'y entendent en peinture et qui auront la même opinion que moi sur les bons et les mauvais peintres ; mais ceux qui sont mauvais peintres trouveront bons les mauvais peintres dont ils font partie.

Je ne connais pas de bons peintres autres que ceux que je prends pour tels. J'ai oublié toutefois de citer Tempesta parmi les peintres valeureux.

Sur Baglione.

Je ne crois pas qu'un seul bon peintre apprécie Giovanni Baglione. Je connais presque toutes les toiles de Baglione, soit dans la Cappella Grande de la Madonna dell'Orto, soit à Saint-Jean-de-Latran, soit plus récemment *La Résurrection* du Gésu.

Je déteste cette dernière peinture parce qu'elle est creuse. Je trouve que c'est son plus mauvais tableau. Je ne connais pas un seul peintre à qui il plaise, à l'exception d'un individu qui est toujours avec lui et que nous appelons son « ange gardien », et qui ne tarissait pas d'éloges quand elle fut mise en place. On l'appelle Mao.

Quand je l'ai vue, Prospero et Giovanni Andrea étaient avec moi.

Le Caravage nie être l'auteur des versets diffamatoires.

Je connais Onorio Longhi, un ami très cher, et aussi Ottavio Leoni, mais je n'ai jamais parlé de cela avec eux ; Je n'ai jamais parlé de *La Résurrection* avec le premier. Quant à Gentileschi, cela fait trois ans qu'il ne me parle plus.

Je connais de vue un certain Ludovico Bresciano et un Mario, tous deux peintres. Cela fait au moins trois ans que je ne les ai pas vus. Je n'ai jamais parlé au Bresciano.

Je vous certifie que je ne compose pas de vers, ni en langue vulgaire et encore

TÉMOIGNAGES ET DOCUMENTS

Orazio Gentileschi, l'un des «complices» présumés du Caravage.

moins en latin. Je n'ai jamais su que de telles rimes ou proses circulaient contre Baglione.

Une plainte portée contre le Caravage, à propos d'un plat d'artichauts...

Voici le texte d'une des nombreuses plaintes dont Merisi a fait l'objet.

Plainte contre Michelange de Caravage, peintre, 29 avril 1604.

Plaignant : Pietro De Focaccia du Lac Majeur, serveur à l'auberge du Moro.

Vers 17 heures, après s'être disputé avec deux autres clients à l'auberge du Moro où je suis serveur, le client irascible m'a demandé si les huit artichauts que je lui avais portés étaient au beurre ou à l'huile; je lui répondis qu'il n'avait qu'à les sentir et qu'il reconnaîtrait ceux qui étaient cuits à l'huile et ceux qui étaient cuits au beurre.

Le client s'est soudain mis en colère et, sans rien dire, il a pris le plat et me l'a jeté à la figure. Il m'a touché à la joue et j'ai été légèrement blessé. Puis il s'est levé et s'est emparé de l'épée d'un de ses compagnons de beuverie attablé à côté de lui et a tenté de me porter des coups mais je me suis dressé devant lui et j'ai décidé de venir porter plainte.

Ce témoignage est quelque peu contredit par celui de Pietro Antonio de Madi, de Piacenza, 25 avril 1604.

Je dînais à l'auberge du Moro où se trouvait Michelange de Caravage, peintre. J'ai entendu qu'il demandait si les artichauts du plat qu'on lui présentait étaient au beurre ou à l'huile; le garçon répondit : je n'en sais rien et il en prit un qu'il lui fourra sous le nez. Michelange le prit très mal et, se levant blême de colère, lui rétorqua : «Si je comprends bien, sacripan, tu crois servir un imbécile?» Et il s'empara du plat d'artichauts et le lança au visage du garçon. Je n'ai pas vu Michelange faire usage de son épée contre le serveur.

La «redécouverte» du Caravage

Parmi les historiens d'art qui se sont intéressés à la vie et à l'œuvre du Caravage, les Italiens Roberto Longhi et Maurizio Calvesi occupent une place à part; le premier, par l'essai qu'il a consacré au peintre après la Seconde Guerre mondiale, et qui constitue la base des études caravagesques postérieures; le second, parce qu'il a éclairé d'un jour nouveau le contexte idéologique et religieux dans lequel Merisi évolua et qui explique, pour une large part, de nombreux aspects de son œuvre.

L e contrat pour le *Saint Matthieu et l'ange*, datant du 7 février 1602 (ci-dessus), correspond au tableau refusé au peintre pour son excès de «réalisme» (à droite), autrefois à Berlin, au Kaiser Friedrich Museum, et qui a été détruit lors de la Seconde Guerre mondiale.

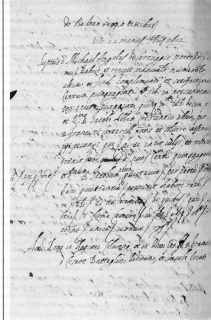

Le sacré et le réalisme

Le Caravaggio *de Roberto Longhi fera date, à la fois par ses attributions, réattributions et désattributions, mais aussi par son analyse de l'œuvre qu'il plaçait au même rang que celles de Léonard de Vinci ou Raphaël.*

Quelques biographes anciens, déjà, n'avaient pas manqué de remarquer, en comparant les œuvres que nous venons de citer avec la transparence des oeuvres de l'adolescence, que le Caravage commençait à «ragaillardir les ombres». Sur le moment, cela nous surprend. Connaissant la peinture naturaliste qui viendra après, nous nous serions presque attendus à ce que le Caravage se dirigeât tout de suite vers la peinture limpide et

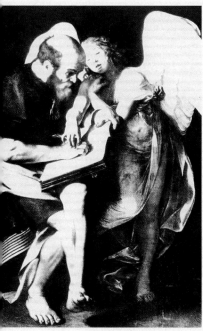

objective des Espagnols ou des Nordiques, Vélazquez, Hals ou Vermeer. La vérité est que chaque peintre ne donne au bout du compte que ce que le monde lui demande; en démontrant, à l'intérieur de ces limites, sa capacité plus ou moins grande de résistance.

La demande se portait alors vers le tableau religieux pathétique : c'est cela qui pousse le Caravage sur une voie nouvelle. Le renforcement des ombres est donc d'abord affaire de sujet; heureusement, l'œil d'un grand peintre portera en soi une forme apte à agir rapidement sur ce sujet même. Cet échange entre l'art et le monde social est une constante.

Il est vrai que le biographe ancien, élaborant un système comme tout vaillant idéaliste, déclare que l'artiste a recours au renforcement des ombres pour «donner du relief aux corps». Et que pouvait-il dire d'autre, pour expliquer une révolution aussi difficile – ardue même pour son auteur – lui qui n'avait d'autre grammaire à sa disposition que celle du XVIe siècle?

Caravage était également conscient du danger de tomber dans l'apologétique du corps humain, portée au sublime par Raphaël et par Michel-Ange, et même dans le clair-obscur mélodramatique de Tintoret. Mais ce qu'il commençait à percevoir désormais était moins le «relief des corps» que la force des ténèbres qui les séparent. Là résidait le principe dramatique de la réalité plus complexe qu'il entrevoyait après les calmes images réfléchies de l'adolescence. Et l'histoire des événements sacrés, dont il s'emparait désormais, lui apparaissait comme une suite de drames brefs et décisifs dont les points culminants, loin de s'attarder dans la durée sentimentale de la transparence, s'identifiaient inévitablement avec l'éclair abrupt de la lumière révélatrice parmi les déchirures impénétrables de l'ombre. Hommes et saints, tortionnaires et martyrs seraient désormais mêlés dans ce tragique scherzo. Pour demeurer fidèle à la nature physique du monde, il fallait que l'arrangement des ombres parût fortuit et non provoqué par les corps; en se dispensant ainsi d'attribuer de nouveau à l'homme l'antique fonction humaniste d'éternel protagoniste et seigneur de la création. C'est pourquoi le Caravage continue pendant des années à scruter l'aspect de la lumière et de l'ombre incidentes.

Il est inutile, ici, de se demander si des stimulations particulières causèrent ce changement. De plus hautes, de plus difficiles, il y en eut toujours. Vinrent-elles de la vie même? Mieux vaut ne pas s'aventurer dans cet océan de misère qui l'entourait, même après qu'il eût doublé le cap de la pauvreté matérielle. Vinrent-elles de l'art ? En bien comme en mal, cela pouvait être aussi utile à Caravage de regarder, *obtorto collo*, un morceau de Michel-Ange ou de Raphaël ou un modèle antique (et de conclure que tout cela avait déjà été fait et était donc périmé), que de lorgner le Cavalier d'Arpin ou ses acolytes sur les échafaudages de Saint-Jean-de-Latran (dans le seul but d'attiser à nouveau l'indignation qui pousse à faire tout autrement). Il pouvait aussi ronchonner, aux côtés de Giustiniani, sur l'arrivée des premiers tableaux bolonais à Rome, suivie par celle d'Annibal Carrache en personne ; en marmonnant que le meilleur de ces peintures s'était déjà vu ailleurs et que ce naturalisme revenait à «broyer des couleurs» et non à peindre la «chair» comme lui le faisait (et comme Annibal lui-même l'aurait reconnu). Quant aux tableaux vénitiens, il connut les meilleurs quand ils arrivèrent de Ferrare en 1599, peut-être escortés par son rival d'Arpin ; mais, à cette date, il avait déjà peint à Saint-Louis-des-Français les tableaux, plusieurs fois refusés, modifiés et corrigés, qui exprimaient sa nouvelle réalité.

Roberto Longhi, *Caravaggio*,
Editori Riuniti, Milan, 1968
(édition 1977), trad. Odile Ménégaux

Les références du peintre

Dans la préface de son volumineux recueil d'essais sur le Caravage, le grand érudit romain Maurizio Calvesi tord le cou au mythe de l'«artiste maudit» – dont il pense qu'il fut moins maudit qu'il n'y paraissait – pour mettre en évidence le sentiment religieux borroméen qui, selon lui, constitue la clé de l'interprétation de l'œuvre de Merisi.

Le Caravage est un précurseur, dans la mesure où il a su s'affranchir des codes et des usages de son époque : non point qu'il les ignorât ou les dépréciât, mais parce qu'il les réinventa et les remodela en les incorporant au naturel et à la vie quotidienne [...].

C'est pourquoi il convient de corriger l'interprétation traditionnelle du message de Merisi car sa vérité se niche dans l'histoire – et non dans la légende – de son message, dont il convient aussi d'apprécier le pathos et les intuitions fulgurantes.

Cette approche modifie sa biographie traditionnelle et lève définitivement – il faut l'espérer – certaines équivoques qui ont eu cours sur sa personnalité.

Il faut en effet se garder des travers issus de la façon «romantique» dont certaines sources documentaires font

64   FED. BORROMÆI

DE ANGELORUM IMAGINIBUS.

CAPUT VI.

parler sa peinture. La critique caravagesque, au XIXᵉ siècle, ne parlait pas de réalisme, et encore moins de «vérisme». En 1884, dans son texte sur *Les Poètes maudits*, Verlaine renversait l'ordre des facteurs des valeurs «officielles» pour exalter l'art de Rimbaud et celui de sa propre poésie, comme illustration de la poésie de transgression et l'expression d'une vie désaxée, destructrice, précocement géniale, libre de toute contingence, encombrée par la folie et la tension du mal, sous-tendue par la pauvreté et le soupçon de dissidence sexuelle.

L'image archi-populaire du «Caravage-peintre-maudit» s'épanouit sans peine dans ce contexte idéologique, se nourrissant de suggestions et

TÉMOIGNAGES ET DOCUMENTS 141

Le rôle et l'influence de Frédéric Borromée (ci-dessus) et de son *De pictura sacra* (à gauche), ont été considérables dans le contexte de la peinture religieuse italienne du XVIIe siècle.

d'hypothèses qui continuent à avoir cours aujourd'hui (on n'est pas loin de la légende de Giordano Bruno, le «libre penseur»).

Or, les sources littéraires et les documents anciens, dès lors qu'on les regarde avec objectivité, ne confirment en rien les travers qui déforment la personnalité du peintre, à commencer par la supposée misère dans laquelle il aurait vécu. […]

Il en va de même pour le prétendu athéisme de tout «poète maudit». Si cette caractéristique est applicable à la culture du XIXe siècle, elle l'est beaucoup moins dans le contexte du XVIIe siècle et paraît totalement incongrue, s'agissant d'un peintre religieux comme Merisi.

Et pourtant, d'aucuns soutinrent que le Caravage rejetait tout credo religieux en basant leur opinion sur une interprétation «émotive» d'un témoignage du Messinois Susinno, selon lequel Merisi avait refusé de se signer à l'eau bénite, pour effacer ses péchés véniels, au motif qu'il n'était coupable que de péchés mortels […].

La thèse fondamentale de mon livre réside dans l'adhésion du Caravage aux idéaux religieux les plus hauts de Charles et Frédéric Borromée.

Maurizio Calvesi,
La Realtà del Caravaggio,
Einaudi, Turin, 1990,
trad. J. Frèches.

Micro-histoire et histoire de l'art : le cas du Caravage

Riccardo Bassani, historien, et Fiora Bellini, historienne de l'art, ont publié Caravaggio assassino *(Donzelli Editore, Rome, 1994), un ouvrage qui fait le point de leurs recherches historiques sur le Caravage, dans les sources d'archives romaines en particulier. Riccardo Bassani présente ici un bilan de leur travail, fondé sur l'analyse de près de sept cents documents inédits – dont l'inventaire des effets du Caravage lors de sa fuite de Rome – qui apportent des renseignements précieux sur la vie et l'œuvre du peintre.*

La littérature critique très riche, presque illimitée, sur la vie et l'œuvre de Michelangelo Merisi – le Caravage – a, depuis toujours, mis l'accent sur les contenus novateurs de la peinture du peintre lombard, encore que de manières diverses. Pour certains, ces contenus représentent un alignement, bien que sur des positions (si l'on peut dire) avancées, sur la culture de la Contre-Réforme catholique qui s'affirmait définitivement au cours de ces années. Pour d'autres, au contraire, ils sont la démonstration de l'attitude critique de l'artiste à l'égard de cette même culture.

Les chercheurs qui soutiennent la première de ces positions critiques, ont non seulement lu dans les tableaux du Caravage (même dans les peintures de genre) une signification christologique constante, mais ont aussi systématiquement cherché les liens entre le peintre et la culture de certains ordres religieux. Avant tout, de celui de l'Oratoire, fondé dans la deuxième moitié du XVIe siècle par le Florentin Philippe Neri qui avait ainsi donné naissance à un mouvement particulièrement actif lorsque Michelangelo Merisi séjournait à Rome. Ceux qui, en revanche, adhèrent à la seconde thèse ont enquêté sur les rapports entre l'art du Caravage et la pensée philosophique et scientifique de personnages tels que Giordano Bruno, Tommaso Campanella ou Galilée. Ils soulignent ainsi le renouvellement iconographique caractéristique des œuvres de Merisi qui semble issu d'un refus conscient des normes dictées par l'autorité ecclésiastique après le concile de Trente.

Récemment, ces deux mouvances, représentées respectivement par des spécialistes tels que Maurizio Calvesi et Ferdinando Bologna, se sont efforcées de confirmer leurs thèses respectives par des travaux consacrés aux liens et aux opinions religieuses, philosophiques et scientifiques des protecteurs ou des commanditaires du Caravage. Par ce biais, ces historiens de l'art ont observé comment l'évolution de son style et des contenus de sa peinture était, si ce n'est pas totalement, du moins en partie, débitrice de la culture des personnages qui lui avaient commandé des œuvres publiques ou privées. Je donnerai comme exemple les études sur le rapport hypothétique, bien que les sources littéraires du XVIIe siècle n'y fassent jamais allusion, du peintre avec le cardinal Frédéric Borromée, qui l'aurait mis, dès sa jeunesse, en contact étroit avec la culture de l'Oratoire. Ou encore les travaux axés sur les relations avec le cardinal Francesco Maria Del Monte qui sont, assurément, fondamentales et qui ont permis à l'artiste de développer au mieux les recherches sur lesquelles il s'était penché bien des années avant sa rencontre avec son puissant protecteur.

Toutefois, pour comprendre exactement le déroulement de la formation et les évolutions successives de la peinture du Caravage, il est nécessaire de ne pas limiter la recherche à ses relations verticales, mais de procéder à une enquête plus étendue qui essaierait de reconstituer le réseau de rapports, plus ou moins étroits, plus ou moins conflictuels, au sein desquels le peintre a travaillé. En fait, tout en tenant compte des suggestions fournies par les premiers biographes de Merisi (comme Giulio Mancini, Giovanni Baglione ou Giovan Pietro Belori) et en se fiant aux informations à son propos qui, à partir des dernières années du XIXe siècle, ont été révélées par la découverte de documents, il faut arriver à comprendre les œuvres en partant de la vie et non, à l'inverse, à comprendre la vie sur la base des œuvres.

Ce raisonnement nous a conduit à une recherche, encore à développer, qui utilise la méthode de ce que l'on appelle la *networks analysis*. Il s'agit là d'une forme d'enquête que l'histoire a emprunté à l'anthropologie et à la sociologie et qui s'élargit aux réseaux de relations horizontales et verticales que les individus ou les groupes construisent ou maintiennent. On a ainsi travaillé jusqu'ici sur des sources judiciaires. Il faut rappeler que le choix de cette documentation ne vient pas de l'idée de découvrir de nouvelles preuves capables de renforcer une fois de plus l'image d'artiste maudit que l'historiographie a souvent attribué à l'homme Caravage, mais de l'hypothèse selon laquelle elle permettait, plus que toute autre, de saisir les dynamiques relationnelles entre sujets et groupes. Toutefois, puisqu'il s'agit de documents produits au cours de procédures judiciaires, leur lecture et leur interprétation ne doit pas faire oublier leurs propres limites. Ce type de source peut comporter, par exemple, une description exagérée des actes criminels de la part des personnes lésées. Il peut y avoir également une réticence aussi forte de la part des enquêteurs ou des témoins au cours des interrogatoires. De plus, il faut considérer les problèmes relatifs au langage de celui qui raconte les faits et que nous ne pouvons connaître que par l'intervention, souvent déterminante, du greffier qui a recueilli et transcrit la déposition.

En dépit de ces limites, et d'autres, qu'il serait trop compliqué d'aborder ici, ces sources sont primordiales et incontournables pour celui qui voudrait se pencher sur une enquête de caractère social. Les sources judiciaires ont permis de connaître les relations que nous avons définies comme horizontales, c'est-à-dire le monde le plus directement en contact avec le Caravage et de même origine sociale, mais dont les modèles de comportement, les croyances, l'idéal moral ainsi que les références culturelles pouvaient coïncider ou non.

Cette recherche en est à peine à ses débuts. Toutefois les résultats très significatifs qu'elle a produits jusqu'à présent laissent entrevoir de très nombreux développements. En premier lieu, émerge une définition plus précise du rapport entre Michelangelo Merisi avec les institutions de la peinture officielle, notamment l'académie de Saint-Luc. Il en est de même entre le Caravage et le monde artistique romain, à la tête de la tradition du maniérisme tardif. A ce propos, il a été très intéressant de travailler sur le lien étroit que le peintre a entretenu avec l'architecte Onorio Longhi, membre de l'académie, mais exprimant des positions fortement et ouvertement critiques. L'amitié avec Longhi, analysée jusqu'ici en raison des conséquences qu'elle eut sur le plan judiciaire, et non dans ses implications culturelles (Onorio fit en effet partie des cénacles scientifiques et des académies littéraires réunissant les esprits les plus avancés de l'époque), a permis de mieux focaliser et d'éclaircir les rapports du Caravage avec les milieux littéraires, philosophiques et scientifiques, au point de mettre en évidence une sorte de parallélisme entre son activité artistique et les idées de *philosophie naturelle* qu'exprimaient les premiers académiciens des *Lincei*, et tout d'abord Federico Cesi.

En reconstituant plus précisément les premières années de l'activité romaine du Caravage, on s'est particulièrement attaché aux différentes phases de sa recherche et à ses résultats en ce qui concerne le style et le contenu de ses tableaux. La découverte d'un document extraordinaire – l'inventaire de ses *robbe* – a permis d'imaginer de quelle manière l'artiste avait aménagé son atelier et surtout comment il avait résolu les problèmes fondamentaux de la peinture «d'après nature» et de l'usage de la lumière. En outre, un regard plus attentif sur la Rome de l'époque – les luttes entre les factions caractérisant la vie publique de ces années, les faits divers et les événements qui attirèrent l'attention de la population tout entière (voir le procès emblématique de Béatrice Cenci et de sa famille, ou les bûchers des hérétiques, et avant tout celui de Giordano Bruno), les débats sur certains aspects de la doctrine religieuse qui opposèrent les philosophes et les théologiens – a permis d'avancer l'hypothèse de l'existence d'un lien très étroit entre réalité et peinture chez le Caravage. L'analyse du conflit toujours présent entre clan francophile et hispanophile clarifie, en outre, les raisons qui poussèrent le Caravage au duel fatal qui se déroula à la Pallacorda le 28 mai 1606 et au cours duquel il blessa mortellement Ranuccio Tomassoni da Terni.

Mais il y a aussi d'autres résultats auxquels cette recherche a abouti. Par exemple, les modèles apparaissant dans les tableaux de Merisi (Anna Bianchini, Fillide Melandroni, Maddalena Antognetti), que l'on a identifiés, ont révélé par leurs histoires les contenus, plus ou moins cachés, de certaines peintures. Ou encore, la découverte très importante d'un groupe de peintres, dont la plupart était jusqu'à présent inconnus et dont il est actuellement impossible de reconnaître les œuvres. Dès les premières années du séjour romain, ils suivirent le Caravage et sa peinture avec

TÉMOIGNAGES ET DOCUMENTS 145

Un contrat de location a permis de localiser l'îlot dans lequel habitait, et travaillait, le Caravage à Rome (ci-dessus), dans le quartier du Champ de Mars.

146 TÉMOIGNAGES ET DOCUMENTS

attention, en constituant une sorte d'école où l'on peignait ensemble et où l'on débattait des thèmes fondamentaux liés à la pratique du naturalisme en peinture. Il s'agit, en somme, de l'identification, qu'il faudrait encore vérifier à l'appui d'autres typologies de documents, de ce groupe d'artistes que Roberto Longhi, le premier spécialiste contemporain du Caravage, encore inégalé, avait pressenti comme étant «le cercle immédiat» du grand maître lombard. Ce cercle pourrait peut-être nous expliquer définitivement l'étrange mystère des répliques, des copies et des versions diverses des tableaux du Caravage qu'on exécuta au cours des années de son long séjour romain.

Riccardo Bassani, juillet 1995

Un document exceptionnel : l'inventaire des biens du Caravage au moment de sa fuite de Rome

Le 26 du mois d'août 1605
Ceci est l'inventaire de tous les biens mobiliers du peintre Michel Ange de Caravaggio trouvés dans la demeure des enfants et héritiers de Bonifazio de Sinibaldi [...]

Les dernières œuvres romaines font apparaître de nombreux objets cités dans l'inventaire…et abandonnés par le Caravage.

D'abord une crédence à trois étagères, encadrée de volets, contenant onze pièces de verrerie, à savoir des verres, des carafes et des fiasques paillées, un plat, deux salières, trois grandes cuillères, une planche à hacher et une écuelle, et, sur la crédence, deux chandeliers de laiton, un autre plat, deux petits couteaux et trois vases en terre.
Item une cruche à eau, deux escabelles.
Item une petite table rouge avec deux tiroirs.
Item une paire de petits bancs de lit, un tableau.
Item un coffre couvert de cuir noir contenant une paire de chausses et un gippon [justaucorps] déchirés, une guitare, un violon, un poignard, une paire de boucles d'oreilles, un vieux ceinturon et un heurtoir de porte.
Item une table un peu grande.
Item deux vieilles chaises de paille et

TÉMOIGNAGES ET DOCUMENTS 147

un petit balai.
Item une paire de vieilles chausses vertes.
Item deux épées et deux poignards.
Item un matelas, item un traversin, item une couverture.
Item un lit pliant pour les domestiques.
Item une autre petite table sans pieds.
Item un lit à colonnes.
Item un petit coffre pour le service.
Item un escabeau et une vieille caisse.
Item une cuvette en majolique [faïence].
Item une autre caisse avec douze livres dedans.
Item deux grands tableaux à peindre.
Item une vieille caisse avec quelques loques dedans.
Item trois escabeaux, item un grand miroir, item un miroir convexe en forme de bouclier.
Item trois autres petits tableaux.
Item une chaise de paille, item une banquette à trois pieds.
Item trois grandes toiles, item un grand tableau sur bois.

Item une grande caisse contenant un couteau.
Item deux petits bancs de lit, item un tabouret à trois pieds en bois
Item un petit panneau de bois avec certains papiers de couleurs.
Item une hallebarde, item deux autres toiles.
Tous les biens ci-dessus inventoriés demeurèrent dans la susdite maison qu'habitait le susdit seigneur Michel Ange, située dans le quartier du Champ de Mars et chez le seigneur Alberto Roscetto […].

> Roma, Archivio di Stato,
> Trenta Notai Capitolini,
> Ufficio 16, vol. 32, 1605,
> notaio Lucio Marchetti, pp. 640 r/v
> traduction Odile Ménégaux.

Le Caravage au cinéma

Trois films ont été réalisés qui prennent pour argument la vie du peintre, deux en Italie, le troisième en Grande-Bretagne. Si les deux premiers sont des biographies illustrées classiques – Caravage, peintre maudit *de Goffredo Alessandrini (1941) et* Caravage *de Silverio Blasi (pour la RAI, 1960) –, celui de Derek Jarman, en 1985, se voulait œuvre de création et hommage à l'artiste. A sa sortie en France,* Caravaggio *a choqué, et a été injustement boudé, sinon éreinté par la critique.*

Claude Rotschild donne, dans Tous les films, 1987, *date de sortie du film en France, un résumé et une critique pondérée du film* Caravaggio, *de Derek Jarman.*

Michelangelo de Caravaggio est sur son lit de mort, à Porto Ercole, veillé par son jeune serviteur muet, Jerusaleme. Il Caravaggio est usé, couvert de cicatrices, il revoit les scènes de sa vie : lorsqu'il a «acheté» le jeune Jerusaleme; son apprentissage très jeune chez un peintre; Rome où il gagne sa vie en vendant ses tableaux (et en se vendant aussi).

De nombreuses scènes du film *Caravaggio*, de Derek Jarman, sont de surprenantes «reconstitutions» d'œuvres du peintre.

150 TÉMOIGNAGES ET DOCUMENTS

Malade, à l'hôpital, il reçoit la visite du cardinal Del Monte, amateur d'art éclairé, qui lui offre le gîte et le couvert. Sous la houlette de son protecteur, il obtient sa première commande publique pour l'église Saint-Louis-des-Français : *Le Martyre de saint Matthieu*. Le Caravage crée difficilement, il s'enivre et rencontre un jour, dans une taverne où se déroule une rencontre de lutte, Ranuccio. Il est très attiré par le jeune ruffian et l'engage comme modèle. Il fait également poser la compagne de Ranuccio, Lena, une jeune prostituée. Des rapports de haine et d'amour

Le *Concert de jeunes gens* (ci-dessus), mais aussi *Saint Jean-Baptiste* ou *Saint Jérôme* (ci-contre et à droite), autant d'œuvres qui ont marqué Derek Jarman et qui ponctuent son film sur le Caravage.

TÉMOIGNAGES ET DOCUMENTS 151

s'instaurent entre les deux hommes. Une relation triangulaire se met en place avec Lena. Caravaggio trouve un autre protecteur, un banquier noble qui l'a sauvé du scandale. Dans les catacombes du Vatican, Lena rencontre et séduit le puissant cardinal Borghèse, neveu du pape. Au cours d'une séance de pose, Lena lui révèle qu'elle veut «piéger» Borghèse et abandonne Caravaggio et Ranuccio. Elle est retrouvée noyée dans le Tibre. Ranuccio est arrêté, proteste de son innocence et accuse Borghèse. Le Caravage est fou de douleur mais réussit à faire libérer son ami. Il l'accueille à la sortie de prison, mais Ranuccio lui avoue qu'il a assassiné Lena par amour pour lui : Caravage le poignarde.

Derek Jarman, le réalisateur, est également peintre et décorateur, et l'on comprend sa fascination pour le grand peintre, inventeur du clair-obscur. Le film est irritant, par son parti pris de filmer en plans courts, par son caractère haché, sa volonté de jouer de l'anachronisme à divers niveaux. Mais l'œuvre est originale : l'importance du rôle de l'homosexualité dans la vie du peintre est un élément-clé pour le comprendre, selon le réalisateur. Mais, surtout, il a tenté d'utiliser le cinéma pour une approche originale de la peinture, sans faire une énième biographie romancée. En effet, il ne s'agit pas d'une reconstitution historique, mais d'une tentative d'appréhender la peinture et un peintre en train de créer, d'où une recherche sur la lumière pour faire «voir» sur l'écran le clair-obscur et son importance dramatique, d'où l'utilisation des anachronismes et des divers accents anglais, pour faire comprendre à ses contemporains l'importance de ce peintre. Néanmoins, des séquences «anti-papistes», toutes britanniques d'inspiration, auraient pu être évitées.

BIBLIOGRAPHIE ET MUSÉOGRAPHIE

Quelques références parmi des dizaines d'ouvrages et des centaines d'articles :

– Lionello Venturi, *Il Caravaggio*, Rome, 1925.
– Pierre Francastel, *Le Réalisme de Caravage*, Gazette des Beaux-Arts, Paris, 1938.
– Roberto Longhi, *Documentario sul Caravaggio*, Universalia, Rome, 1948.
– B. Berenson, *Del Caravaggio, delle sue incongurenze e della sua fama*, Florence, 1950 (réédition, Leonardo, Milan, 1994).
– R. Longhi, *Mostra del Caravaggio e dei caravaggeschi*, Milan, 1951 (exposition).
– R. Longhi, *Il Caravaggio*, Milan, 1952.
– J. Bialostocki, *Caravaggio*, Varsovie, 1955.
– W. Friedlander, *Caravaggio Studies*, Princeton, 1955.
– René Jullian, *Caravage*, Lyon-Paris, 1961.
– A. Ottina della Chiesa, *L'Opera completa del Caravaggio*, Milan, 1967 ; traduction présentée par A. Chastel, *Tout l'œuvre peint de Caravage*, Flammarion, Paris, 1988.
– *Caravaggio and his Followers*, Cleveland, 1971 (exposition).
– C. Brandi, *Michelangelo Merisi da Caravaggio*, Rome, 1972.
– Mina Gregori, *Caravaggio*, Enciclopedia Europa, 1976.
– A. Chastel, « Le problème de Caravage », in *Fables, Formes, Figures*, Paris, 1978.
– *Caravage et son temps*, New York-Milan, 1985 (exposition).
– M. Marini, *Caravaggio*, Rome, 1987.
– M. Calvesi, *La Realtà del Caravaggio*, Einaudi, Turin, 1990.
– Mia Cinotti, *Caravaggio*, Bergame, 1991 ; traduction Françoise Lantiéri : *Caravage*, Adam Biro, Paris, 1991.
– Mina Gregori, *Michelangelo Merisi da Caravaggio, come nascono i capolavori*, exposition Rome-Florence, Milan, 1991.
– Giovan Pietro Bellori, *Vie du Caravage* (1672), traduction, Le Promeneur, Gallimard, 1991.
– Riccardo Bassani et Fiora Bellini, *Caravaggio Assassino, la carriera di un « valenthuomo » fazioso nella Roma della Controriforma*, Donzelli, Rome, 1994.
– *Caravaggio e la collezione Mattei*, Rome, 1995 (exposition).
– Mina Gregori, *Caravaggio*, Electa, Milan, 1994 ; traduction Odile Ménégaux, *Caravage*, Gallimard-Electa, Paris, 1995.

Collections publiques et privées dans lesquelles se trouvent des œuvres de Caravage :
En Italie :

– Ascoli Piceno, Pinacothèque
– Cantalupo Sabino, Palais Camuccini
– Carpineto Romano, église Saint-Pierre
– Crémone, Pinacothèque
– Florence, Gallerie des Offices ; Palais Pitti ; Fondation Roberto Longhi
– Gênes, Galerie municipale, palazzo Rosso
– Messine, Musée national
– Milan, Pinacothèque de Brera ; Pinacothèque ambrosienne
– Naples, Musée national de Capodimonte ; Eglise du Pio Monte della Misericordia ; Banco Commerciale Italiana ; Banco di Napoli.
– Prato, Cassa di Risparmio.
– Rome, Pinacothèque vaticane ; Galerie Borghèse ; Galerie Doria Pamphili ; Palais Barberini ; Palais Corsini ; Musées capitolins, Eglise Sant'Agostino ; Eglise Saint-Louis-des-Français ; Eglise Santa Maria del Popolo ; coll. prince Guido Odescalchi ; Villa Ludovisi.
– Syracuse, Eglise Sainte-Lucie
Hors d'Italie :
– Atlanta (USA), High Museum of Art.
– Berlin (Allemagne), Gemäldegalerie.
– Caracas (Venezuela), coll. Altamirano-Otero Silva.
– Cleveland (USA), Museum of Art.
– Detroit (USA), Institute of Arts.
– Fort Worth (USA), Kimbell Art Museum
– Hampton Court Palace (Grande-Bretagne), Royal Gallery
– Hartford (USA), Wadsworth Museum.
– Kansas City (USA), Nelson Gallery-Atkins Museum.
– La Valette (Malte), musée de la cathédrale Saint-Jean ; cathédrale Saint-Jean.
– Londres (Grande-Bretagne), National Gallery.
– Madrid (Espagne), musée du Prado ; Palais royal, fondation Thyssen-Bornemisza.
– Montserrat (Espagne), monastère Santa Maria.
– Nancy (France), musée des Beaux-Arts.
– New York (USA), Metropolitan Museum of Art.
– Odessa (Ukraine), musée national.
– Paris (France), musée du Louvre.
– Potsdam (Allemagne), Château de Sans-Souci.
– Rouen (France), musée des Beaux-Arts.
– Vienne (Autriche), Kunsthistorisches Museum.
– Saint-Pétersbourg (Russie), Ermitage.

TABLE DES ILLUSTRATIONS

COUVERTURE

1er plat *Les Tricheurs* (détail), Kimbell Art Museum, Fort Worth (Texas).
4e plat *L'Enfant mordu par un lézard*, fondation Roberto Longhi, Florence.
Dos *Jeune garçon portant une corbeille de fruits* (détail), galerie Borghèse, Rome.

OUVERTURE

1-9 *La Vocation de saint Matthieu* (ensemble et détails), 1599-1600, h./t., 322 x 340, retable, église Saint-Louis-des-Français, Rome, autel de la chapelle Contarelli, paroi latérale gauche.

CHAPITRE I

12-13 *Jeune garçon portant une corbeille de fruits* (détail et ensemble), 1593-1594, huile sur toile, 70 x 67, galerie Borghèse, Rome.
14h Veronèse, *La Bataille de Lépante* (détail), Accademia, Venise.
14b Blason de la famille Merisi, in *Stemmario Cremosano*, Archives d'Etat, Milan.
14-15 Simone Peterzano, *Venus et Cupidon avec deux satyres*, coll. Piero Corsini, New York.
16 Giovanni Girolamo Savoldo, *Etude pour un portrait* (détail), galerie Borghèse, Rome.
17h G. G. Savoldo, *Autoportrait* dit autrefois *Portrait de Gaston de Foix*, musée du Louvre, Paris.
17b Raphaël, *La Délivrance de Pierre*, Vatican, chambre d'Héliodore.
18-19 *Panier de fruits*, vers 1598-1599, h./t., 31 x 47, pinacothèque Ambrosienne, Milan.
20 Karel S. Skreta, *Saint Charles Borromée visitant les malades de la peste à Milan*, 1647, Galerie nationale, Prague.
21 Gravure in Frédéric Borromée, *De pictura sacra*, tome 2.
22 Giuseppe Cesari dit le Cavalier d'Arpin, *L'Arrestation du Christ*, Accademia di San Luca, Rome.
23h Ottavio Leoni, *Portrait du Cavalier d'Arpin*, biblioteca Marucelliana, Florence.
23b Cavalier d'Arpin, *Diane chasseresse*, (détail), musées Capitolins, pinacothèque, Rome.
24h *Jeune Garçon pelant un fruit*, vers 1593-1594, copie, h./t., 65 x 52, coll. part., Londres.
24-25 *La Diseuse de bonne aventure* (détail et ensemble), vers 1594-1595, h./t., 115 x 150, musées Capitolins, pinacothèque, Rome.
26-27 *Le Joueur de luth*, 1595-96, h./t., 94 x 119, musée de l'Ermitage, Saint-Pétersbourg.
27g *L'Amour vainqueur*, 1601-1602, h./t., 156 x 113, Gemäldegalerie, Berlin.
27d Ottavio Leoni, *Portrait du Cardinal Del Monte*, pastel, Ringling Museum of Art, Sarasota.
28-29 *Le Concert de jeunes gens*, vers 1595-1596, h./t., 92 x 118,5, Metropolitan Museum of Art, Rogers Fund, New York.
30 *Bacchus malade* (détail et ensemble), 1593-1594, h./t., 67 x 53, galerie Borghèse, Rome.
31 *Bacchus couronné de pampres* (ensemble et détail), 1596-1597, h./t., 95 x 85, galerie des Offices, Florence.
32 « Portrait du Caravage, tableau peint par lui-même, dans le cabinet de Monseigneur le duc d'Orléans », gravure de H. Simon Thomassin, Bibl. nat. de France, Paris.
33 *L'Enfant mordu par un lézard*, vers 1595, h./t., 65,8 x 52,3, fondation Roberto Longhi, Florence.
34-35 *Les Tricheurs*, vers 1594-1595, h./t., 91,5 x 128,2, Kimbell Art Museum, Fort Worth (Texas).
36-37h *La Madeleine repentante* (détail et ensemble), 1596-1597, h./t., 122,5 x 98,5, galerie Doria Pamphili, Rome.
36-37b *Le Repos pendant la fuite en Egypte* (ensemble et détail), vers 1596-1597, h./t., 135,5 x 166,5, *idem*.
38-39b *Le Sacrifice d'Isaac*, 1603, h./t., 104 x 135, galerie des Offices, Florence.
39h *Le Sacrifice d'Isaac*, 1597-1598, h./t., coll. part.

CHAPITRE II

40-41 *Saint Matthieu et l'ange* (détail et ensemble), 1602, h./t., 295 x 195, retable, église Saint-Louis-des-Français, Rome, autel de la chapelle Contarelli.
42 *La Vocation de saint Matthieu*, 1599-1600, h./t., 322 x 340, *idem*, paroi latérale gauche.
43g Portrait de Matthieu Cointrel, gravure du XVIIe siècle.
43d Eglise Saint-Louis-des-Français, gravure du XVIIe siècle.
44-45 *Le Martyre de saint Matthieu*, 1599-1600, (détail et ensemble), h./t., 323 x 343, église Saint-Louis-des-Français, Rome, autel de la chapelle Contarelli, paroi latérale droite.
44b Contrat pour la chapelle Cerasi de l'église Santa Maria del Popolo, Archivio di Stato, Rome.

154 TÉMOIGNAGES ET DOCUMENTS

46h Raphaël, *Conversion de saint Paul*, tapisserie, musée du Vatican, Rome.

46-47 Plan de Rome par Tempesta, détail de la Piazza del Popolo.

47 *La Conversion de saint Paul*, 1600-1601, huile sur panneau de cyprès, 237 x 189, coll. Odescalchi, Rome.

48 *La Conversion de saint Paul*, 1601, h./t., 230 x 175, église Santa Maria del Popolo, Rome, chapelle Cerasi, paroi latérale droite.

49 *La Crucifixion de saint Pierre*, 1601, h./t., 230 x 175, *idem*, paroi latérale gauche.

50-51 *Le Martyre de saint Mathieu* (détails).

51h Procès-verbal de l'interrogatoire de Caravage accusé de port d'arme, le 28 mai 1605, Archivio di Stato, Rome.

52-53 *Judith et Holopherne*, début de 1599, h./t., 145 x 195, galerie nationale d'Art antique, palais Barberini, Rome.

54 Michel-Ange, *Le Jour*, tombeau de Julien de Medicis, duc de Nemours, chapelle Medicis, Florence.

55 *Narcisse*, 1598-1599, h./t., 122 x 92, galerie nationale d'Art antique, palais Corsini, Rome.

56-57 *Saint Jean-Baptiste*, vers 1605, h./t., 94 x 131, *idem*.

58 *Saint Jean-Baptiste*, 1599-1600, h./t., 129 x 94, Musées Capitolins, Pinacothèque, Rome.

59 *Saint Jean-Baptiste*,

vers 1604-1605, h./t., 173 x 133, Nelson Gallery-Atkins Museum, Nelson Fund, Kansas City.

60-61 Lievin Cruyl, *Vue perspective de l'église Santa Maria in Vallicellla dite « Chiesa Nuova »*, 1665, plume et aquarelle, The Cleveland Museum of Art.

61h *Portrait de Maffeo Barberini*, 1599, h./t., 124 x 90, coll. part., Florence.

62-63 *La Déposition du Christ* (ensemble et détail), 1602-1603, h./t., 300 x 203, Pinacothèque vaticane, Rome.

64-65 *Le Repas à Emmaüs*, 1601, h./t., 141 x 196,2, National Gallery, Londres.

66-67h *La Madone de Lorette* (ensemble et détail), 1604-début 1605, h./t., 260 x 150, église Sant'Agostino, Rome, chapelle anciennement Cavalletti.

67 *La Madone des Palefreniers* (ensemble et détail), 1605-1606, h./t., 292 x 211, galerie Borghèse, Rome.

68 Signature du Caravage en bas du reçu de payement de *La Madone des Palefreniers*, archives de l'Arciconfraternita di Sant'Anna dei Palafrenieri, Rome.

69 *La Mort de la Vierge*, vers 1600, h./t., 369 x 245, musée du Louvre, Paris.

CHAPITRE III

70-71 *Sainte Catherine*

d'Alexandrie (détail et ensemble), vers 1598, h./t., 173 x 133, fondation Thyssen-Bornemizza, Madrid.

72-73h Avis du 3 juin 1606 adressé à Maffeo Barberini in « Codice Barberiniano latino 6339 », Bibliothèque vaticane, Rome.

72-73b *La Conversion de Madeleine* (détail et ensemble), vers 1598, h./t., 100 x 134,5, Detroit Institut of Arts.

74-75 *Salomé tenant la tête de Jean-Baptiste*, vers 1607, h./t., 91,5 x 106,7, National Gallery, Londres.

76-77 *David tenant la tête de Goliath*, vers 1607, h. sur panneau de peuplier, 90,5 x 116,5, Kunsthistorisches Museum, Gemäldegalerie, Vienne.

78-79 Vue de la campagne du Latium, eau-forte et burin, début du XVIIᵉ siècle.

78 Portrait de Marzio Colonna, duc de Zagarolo, gravure in Domenico De Sanctis, *Columnnensium... icones*, 1675, Rome.

79 *La Madeleine en extase*, copie par Louis Finson, Musée des Beaux-Arts, Marseille.

80 *Saint François*, vers 1606, h./t., 130 x 90, Pinacothèque municipale, Crémone.

80-81 *Le Repas à Emmaüs*, 1606, h./t., 141 x 175, pinacothèque de Brera, Milan.

81 *Saint François en méditation*, vers 1603,

h./t., 128 x 94, église des Capucins (Santa Maria della Concezione), Rome.

82-83 *Les Sept Œuvres de Miséricorde* (détails et ensemble), 1606, h./t., 390 x 260, église du Pio Monte della Misericordia, Naples.

84 *La Madone du Rosaire* (détail et ensemble), 1607, h./t., 364,5 x 249,5, Kunsthistorisches Museum, Gemäldegalerie, Vienne.

85h Sebastiano del Piombo, *La Flagellation*, église de San Pietro in Montorio, Rome.

85b *La Flagellation*, 1607, h./t., 286 x 213, Galerie nationale de Capodimonte, Naples (dépôt de l'église san Domenico Maggiore).

86-87 *L'Arrestation du Christ*, 1602-1603, h./t., 133,5 x 169,5, National Gallery of Ireland, Dublin, dépôt de la « Jesuit Community of Dublin ».

88-89 *La Flagellation du Christ* (ou *Le Christ à la colonne*), vers 1607, h./t., 134,5 x 175,4, musée des Beaux-Arts, Rouen.

90-91 *Le Couronnement d'épines*, vers 1607, h./t., 127 x 165,5, Kunsthistorisches Museum, Gemäldegalerie, Vienne.

CHAPITRE IV

92-93 *David et*

TABLE DES ILLUSTRATIONS 155

Goliath (détail et ensemble), vers 1600, h./t., 110 x 91, Musée du Prado, Madrid.
94 Plan de la forteresse de La Valette, 1669, gravure.
94b *Portrait d'un chevalier de Malte (Alof de Wignacourt ?)*, 1608, h./t., 118,5 x 95,5, galerie Palatine, palais Pitti, Florence.
95 *Portrait d'Alof de Wignacourt*, vers 1608, h./t., 195 x 134, musée du Louvre, Paris.
96-97 *La Décollation de saint Jean-Baptiste* (ensemble et détail), 1608, h./t., 361 x 520, cathédrale Saint-Jean, La Valette, Malte, oratoire.
98 *Saint Jérôme écrivant*, 1607, h./t., 117 x 157, musée de la cathédrale Saint-Jean, La Valette, Malte.
98-99 *Salomé tenant la tête de Jean-Baptiste*, 1609-1610, h./t., 116 x 140, Palais Royal, Madrid.
100g *L'enterrement de sainte Lucie*, vers 1608, h./t., 408 x 300, église Sainte-Lucie, Syracuse, en dépôt au musée du palais Bellomo, Syracuse.
100d Vue perspective des prisons de Denys, tyran de Syracuse, gravure du XVIIIe siècle.
101 *La Résurrection de Lazare* (détails et ensemble), 1609, h./t., 380 x 275, musée national, Messine.
102h *L'Adoration des bergers*, vers 1609, h./t., 314 x 211, musée national, Messine.

102b *L'Amour endormi*, 1608, h./t., 72 x 105, galerie Palatine, palais Pitti, Florence.
103 *La Nativité avec saint François et saint Laurent*, 1609, h./t., 268 x 197, autrefois à Palerme, oratoire de la Compagnie de Saint-Laurent (œuvre volée).
104 Louis Finson, *La Résurrection du Christ*, 1610, église Saint-Jean-de-Malte, Aix-en-Provence.
105b Ottavio Leoni, *Portrait du Caravage en chevalier de Malte*, pastel, coll. Darton.
105h *Saint Jean-Baptiste*, 1609-1610, h./t., 159 x 124, galerie Borghèse, Rome.
106-107 *Le Martyre de sainte Ursule*, 1610, h./t., 154 x 178, Banco commerciale Italiana, Naples, en dépôt aux Musées et Galerie nationales de Capodimonte.
108-109 *David Borghèse* (détails et ensemble), 1609-1610, h./t., 125 x 101, galerie Borghèse, Rome.

CHAPITRE V

110 Mario Minniti, *La Flagellation du Christ*, Fondation Lucifero, Milazzo.
111 Giovanni Baglione, *Le Vite de pittori...*, 1613, page de titre.
112h Pietro Bellori, *Vita di Michelangelo Merigi da Caravaggio*, 1642.
112b *Ecce Homo*, 1605, h./t., 128 x 103, Galerie municipale, palais Rosso, Gênes.

113 Orazio Gentileschi, *Le Repos pendant la fuite en Egypte*, musée du Louvre, Paris.
114-115 Federico Zuccari, *Taddeo Zuccari dessinant à Rome*, dessin, cabinet des Dessins et des Estampes, galerie des Offices, Florence.
114b Ecole du Caravage, *Le Jugement de Salomon*, galerie Borghèse, Rome.
116 *La Crucifixion de saint André*, vers 1607, h./t., 202,5 x 152,7, Cleveland Museum of Art.
117 Vélasquez, *La Forge de Vulcain*, 1630, musée du Prado, Madrid.
118 *L'Arracheur de dents* (attribué au Caravage, détail et ensemble), 1609-1610, h./t., 139,5 x 194,5, musées de Florence, en dépôt au palais de Montecitorio, Rome.
118-119 Theodor Rombouts, *L'Arracheur de dents* (détail et ensemble), musée des Beaux-Arts, Gand.
120 Valentin de Boulogne dit Le Valentin, *Le Concert au bas-relief* (détail), musée du Louvre, Paris.
121 Vélasquez, *Les Buveurs* ou *Le Triomphe de Bacchus* (détail), 1628-1629, musée du Prado, Madrid.
122 Georges de La Tour, *Le Tricheur à l'as de carreau* (détail),

musée du Louvre, Paris.
123 Hendrick Ter Brugghen, *La Vocation de saint Matthieu* (détail), vers 1620, Musée des Beaux-Arts André-Malraux, Le Havre.
124 Trophime Bigot, *Saint Sébastien soigné par sainte Irène*, Pinacothèque vaticane, Rome.
125 Georges de La Tour, *Le Nouveau-Né*, musée des Beaux-Arts, Rennes.
126 Wright of Derby, *L'Expérience sur un oiseau dans une pompe à air*, (détail), 1768, The National Gallery, Londres.
127h Gericault, *Le Radeau de la Méduse* (détail), musée du Louvre, Paris.
127b Georges Mérillon, *Kosovo*, 1990, photographie.
128 *Jupiter, Pluton et Neptune*, vers 1597-1598, huile sur mur, 300 x 180 environ, casino de la villa Ludovisi, étage noble, plafond d'une pièce ouvrant sur la « salle de la Renommée » du Guerchin.

TEMOIGNAGES ET DOCUMENTS

129 Ottavio Leoni, *Portrait du Caravage*, dessin, Biblioteca Marucelliana, Florence.
130 Ottavio Leoni, *Portrait du Cavalier d'Arpin*, Biblioteca Marucelliana, Florence.
131 La place des

156 TÉMOIGNAGES ET DOCUMENTS

Saints-Apôtres, Rome, gravure de Philip Galle.
133 Epitaphes de Marzio Milesi, 18 juillet 1610, Bibliothèque Vaticane, Rome.
133g Portrait gravé du Caravage in J. von Sandrart, *Academia Nobilissimae Artis Pictoriae*.
134 Procès Baglione, sonnet diffamatoire joint à la plainte, Archivio di Stato, Rome.
135 Documents du procès Baglione, *Idem*.
136 Giovanni Baglione, *La Résurrection du Christ*, musée du Louvre, Paris.
137h Van Dick, *Portrait de Orazio Gentileschi*, dessin, British Museum, Londres.
137b *La Vocation de saint Matthieu* (détail), 1599-1600, h./t., 322 x 340, église Saint-Louis-des-Français, Rome, autel de la chapelle Contarelli.
138 Contrat pour le *Saint Matthieu*, 7 février 1602, Archivio di Stato, Rome.
139 *Saint Matthieu et l'ange*, autrefois à Berlin, Kaiser Friedrich Museum (œuvre détruite).
140 En-tête de chapitre in Frédéric Borromée, *De pictura sacra*, tome 2.
141 Antonio et Giulio Campi, *Le cardinal Frédéric Borromée préside le groupe des maîtres de la doctrine chrétienne*, église San Francesco di Paola, Milan.
142 *L'Amour vainqueur* (détail), 1601-1602, h./t., 156 x 113, Gemäldegalerie, Berlin.
145 Plan de Rome par Tempesta, détail de la piazza del Popolo.
146 *Le Repos pendant la fuite en Egypte* (détail).
146-147 *La Madeleine repentante* (détail).
147 *La Conversion de Madeleine* (détail).
148-151 Photographies du film *Caravaggio*, de Derek Jarman, 1985.

INDEX DES ŒUVRES DU CARAVAGE

Adoration des bergers,L' 102, *102*, 103.
Amor vincit omnia 27.
Amour endormi, L' 102.
Arracheur de dents, L' 118.
Arrestation du Christ , L' 23, 87.
Autoportraits 32, 33.
Bacchus couronné de pampres 31.
Bacchus malade 30.
Christ au jardin des oliviers, Le 68.
Concert de jeunes gens, Le 27, *29*.
Conversion de Madeleine,La 73.
Conversion de saint Paul, La 46, *47*, 48.
Couronnement d'épines,Le 68, 91.
Crucifixion de saint André, La 91, 117, 119.
Crucifixion de saint Pierre, La 46, 48.
David et Goliath 93.
David Borghèse 77, 108, *108*.
David tenant la tête de Goliath 77.

Décollation de saint Jean-Baptiste, La 96, 97, *97*.
Déposition du Christ au sépulcre 60, *63*, 68, 78.
Diseuse de bonne aventure, La 25.
*Enfant mordu par un lézard, L'*32, *32*, 33.
*Enterrement de sainte Lucie, L'*100, *100*, 101.
Flagellation, La 75, 84, 85, 89, 110.
Garçon au panier de fruits, Le 13.
Jeune homme pelant un fruit 24.
Jeune homme tenant une fleur d'oranger 119.
Joueur de luth, 26, 27.
Judith et Holopherne 53.
Jupiter, Neptune et Pluton 127.
Madeleine en extase 78, 79, 80.
Madeleine repentante 36, *37*.
Madone de Lorette, La ou Madone des

pèlerins 54, 66, *66*, 67.
Madone des palefreniers, La ou Madone au serpent 60, 67, 68.
Madone du Rosaire, La 75, 81, 83, 84, *84*, 91, 119.
Martyre de saint Matthieu, Le 44, *44*, 50, 51.
Martyre de sainte Ursule, Le 106, *107*.
Mort de la Vierge, La 63, 68, *68*.
Narcisse 55.
Nativité avec saint François et saint Laurent, La 102, *103*.
Portrait d'Alof de Wignacourt 95.
Portrait de Maffeo Berberini 61.
Portrait de Marcantonio Martelli 94.
Repas à Emmaüs, Le 61, *63*, 80, *80*.
Repos pendant la fuite en Egypte, Le 36, *37*.
Résurrection de Lazare,La 101, *101*, 104.

Résurrection du Christ, La 104, 106.
Sacrifice d'Isaac, Le 39, 68.
Saint François en méditation 80, *81*.
Saint François recevant les stigmates 106.
Saint Jean-Baptiste nu serrant un bélier 54.
Saint Jean-Baptiste 56, 106, 108.
Saint Jean-Baptiste Borghèse 105.
Saint Jérôme écrivant 98.
Saint Matthieu et l'ange 41, *42*, 44.
Saint Sébastien soigné par sainte Irène 119.
Sainte Catherine d'Alexandrie 27, 71, *73*.
Salomé 108, *117*.
Salomé tenant la tête de Jean-Baptiste 75, *99*.
Sept Œuvres de Miséricorde, Les 75, 82, *82*, 83, 91, 103, 124.
Tricheurs, Les 32, *35*.
Vocation de saint Matthieu, La 42, 44.

INDEX

A – B – C

Académie de Saint-Luc (Rome) 21, 25, 38, 124, *124.*
Aldobrandini 60; voir Clément VIII.
Allori 114.
Amsterdam 119.
Anguisciola, Sophonisba *32.*
Anvers *119.*
Aratori, Lucia 14.
Autoportrait (Girolamo Savoldo) *16.*

Baburen 119.
Bacchus 55.
Baglione, Giovanni 23, *27*, *33*, 50, *53*, 54, *63*, *66*, *68*, *95*, 105, 109, 112, *113*, 121.
Baldinucci 121.
Barberini, famille *35*, *60*; Maffeo 60, *72.*
Bassano 37.
Bataille de Lépante (Véronèse) *15.*
Bellori, Pietro 14, 18, *26*, *35*, *54.*, *63*, *87*, *91*, *99*, 109, 113, *119*, 121.
Benedetti, Sergio *87.*
Bénévent, comte de *119.*
Bergame 14.
Bernin, Le *25.*
Bigot, Trophime 124, *124*, 125.
Bologna, Antonio de 72.
Bologne 16.
Borghèse, cardinal Scipion *24*, *63*, 68, 108, famille *60.*
Borromée, cardinal Frédéric 20, 21, *21*, 25, 26, 46, 78; Charles 19, *20*, 22.
Boulogne, Valentin de *121*, 124.
Breenbergh 119.
Brosse, président de *53.*
Brueghel, Jan 84.

Campi, Antonio et Guido 17.
Capucins, église des (Messine) 102.
Caracciolo 114.
Carafa-Colonna, famille 81; Luigi 84.
Carrache, Annibal *37*, 46; frères *23*, 45, 115.
Cavalier d'Arpin, Giuseppe Cesari dit le *13*, *22*, 23, *23*, *24*, 44.
Cavalletti, Ermete *66.*
Cenci, Béatrice *71.*
Cesari, Tiberio 45, 46.
Champaigne, Philippe de 113.
Chantelou *25.*
Charles Ier d'Angleterre 77.
Charles Quint 94, *112.*
Cherubini, Laerzio *68.*
Christ (Michel-Ange) *85.*
Cigoli *112.*
Clément VIII 22, *22*, 43, 46, 60.
Cochin, Nicolas *104.*
Cointrel, Mathieu 43, *43*, 44.
Colonna, duc Marzio 78, *78*, *80*; famille 22, 71, 78, *78*, 80; Filippo 78, Marcantonio 14, 84.
Concert au bas-relief (Valentin de Boulogne) *121.*
Concile de Trente 15, *20.*
Contre-Réforme *39*, 107.
Conversion de saint Paul, La (Raphaël) *47.*
Costa, Ottavio *73.*
Courbet, Gustave 127.
Crescenzi, famille 43, *43*; Melchiore 60, 72.
Cupidon *27.*

D – E – F

De Lazzari, Giovan Battista 101, 102.
De pictura sacra (Borromée, Frédéric) 21, *21.*
Del Monte, cardinal Francesco Maria Bourbon 21, 24, 25, 26, *26*, *27*, *27*, *29*, 35, 38, 43, 50, *56*, 72.
Del Piombo, Sebastiano 84, *85*, *112.*
Delacroix 17.
Denys, oreille de 100, *100*, 101.
Di Franco, famille *85*; Tommaso 85.
Di Giacomo 104.
Dialogue de la peinture (Paolo Pino) *16.*
Diane chasseresse (Giuseppe Cesari) *23.*
Dominicains 81, 84.
Dominicains, église des (Anvers) 119.
Dominique, saint 84.
Doria Pamphili, palais *37.*
Doria, Andrea *112*; famille *60*; prince Marcantonio 106, *107.*
Ecce Homo 112.
Espagne/Espagnols 77, 105, 109, 117, *119.*
Etude de portraits (Girolamo Savoldo) *16.*
Exercices spirituels (Ignace de Loyola) 21, 61.
Expérience sur un oiseau dans une pompe à air (Wright of Derby) *126.*
Faber, Martin 119.
Farnèse, cardinal *23*; palais 45.
Fernando de Castro, Pedro 108.
Ferrari 89.

Finson, Louis (Ludovic Finsonius) 53, *79*, *104*, 106, 118, 119.
Flagellation de sainte Praxède, La (Peterzano) *85.*
Flagellation, La (Peterzano) *85.*
Flaubert, Gustave *126.*
Forge de Vulcain, La (Vélasquez) 117, *117.*
Fragonard *63.*
Franco, frères 84.
Fréminet, Martin *115.*

G – H – I – J

Galilée 26, *112.*
Gênes *107.*
Gentileschi, les 114; Orazio 50, *113*, 119.
Géricault, Théodore 125, *127.*
Giorgione *16*, 18.
Giotto 68, 114.
Giustiniani, famille *60*; Vincenzo *27*, 44, *91*, *124.*
Gonzague, famille 106; Ferdinand 107.
Grégoire XIII 43.

Honthorst, Gérard (Gherardo della Notte) *87*, 119, *121.*

Ignace de Loyola, saint *20*, 21, 61.

Janssens, Jan 119.
Jésuites, couvent des (Dublin) *87.*
Joseph *37.*
Jour, Le (Michel-Ange) *54.*

L – M – N

La Hyre, Laurent de *113.*
La Tour, Georges de 32, *35*, *121*, 124, *124*, 125, *125.*
La Valette 94, 95, 98.

158 TÉMOIGNAGES ET DOCUMENTS

Le Nain, Louis *113*.
Légende dorée, La
(Jacques de Voragine)
107.
Lena, Maddalena
di Paolo Antognetti
dite 51, 54, *66, 67*.
Leoni, Ottavio *22, 105*.
Léopold Ier d'Autriche
77.
Lépante, bataille de 14,
84.
Lestin, Jacques de *115*.
Lhomme, Jean et
Jacques *115*.
*Libération de saint
Pierre, La* (Raphaël)
17.
Lomazzo *15*.
Londres *113*.
Longhi, Onorio 18, 23,
50, 54, 72.
Longhi, Roberto *75*.
Lorraine, ducs de 106.
Los Borrachos
(Vélasquez) 117, *121*.
Lotto *37*.
Louis XIII *61*.
Louis XIV *25, 95*.
Ludovisi, villa 38.

*Maîtres italiens
de la peinture, Les*
(Carel Van Mander) 14.
Malte 94, *99*, 100, *117*;
ordre de 94, *94, 95, 95*,
98, 101, 105, *105*, 108.
Mancini, Giulio 18, 22,
24, 25, 29, 33, 80, 109,
113.
Manfredi *89, 121*.
Mantoue, duc de 68,
68.
Marino, Giambattista
44.
Marseille 119.
Martin, saint *83*.
Masetti, Fabio 73.
Massimi, Massimo *112*.
Massini, famille *60*.
Mattei, Ciriaco 44, *56,
87*; duc Giuseppe *87*;
famille *60*.
Maxence, empereur
71.

Médicis, Ferdinand 26 ;
tombeau des 54.
Melandroni, Fillide
71, 72, 73.
Mellan, Claude *115*.
Mellin, Charles *115*.
Merillien, Georges
127.
Merisi, famille 15 ;
Fermo 14, *15*.
Messine 101, 102.
Michel-Ange 20, 24,
53, 54, 85, 127.
Milan 13, 15, 16, *16*, 18,
19, 21.
Milesi, Marzio 60.
Millet, Jean-François
127.
Minerva, église de la
85.
Minniti, Mario 23, 32,
72, 95, 100, *111*.
Mirabella, Vincenzo
100.
Mise au tombeau, La
(Baburen) 119.
Modène, duc de 73.
Monterey, vice-roi de
117.
Muziano, Girolamo
43.

Naples *53*, 71, 75, *77*,
81, 82, 83, *83*, 84, 94,
103, *104*, 105, *105, 107*,
108, 117, 118.
Neptune 39.
Nisbet, William
Hamilton *87*.
Nouveau-Né, Le
(Georges de La Tour)
124, *125*.

O – P – R

Orléans, duc d' *32*.

Palerme 102.
Palestrina 78, *78*.
Paliano 78, *78*.
Pamphili, Don Camillo
25.
Panier de fruits 18.
Paris *113*.
Parmesan, le 114.
Pasqualone da

Accumoli, Mariano 54.
Passeri *72*.
Passignano *112*.
Patrizi, marquis
Costanzo 80, *80*.
Paul V 68, 106.
Peterzano, Simone 15,
15, 16, 21, *85*.
Philippe Neri 21, 22,
63, 102.
Pierre, saint *84*.
Pimentel y Herrera,
Don Juan *117*.
Pino, Paolo 16.
Piomonte 82, 83, 84.
Pluton 39.
Poelenburgh 119.
Porte-Croix, église des
(Messine) 101.
Porto Ercole *105*, 109.
Pourbus, Frans *53*, 84.
Poussin, Nicolas *25,
121*.

Primatice 114.
*Radeau de la Méduse,
Le* (Géricault) 125,
127.
Radulovitch, Nicolas
81, 84, *84*.
Raphaël 17, *17*, 24, *47*,
114.
Régnier, Nicolas 124.
Rembrandt *17*.
Reni, Guido 23.
*Repos pendant la fuite
en Egypte, Le*
(Giovanni Baglione)
113.
Ribera, Jusepe 117,
121.
Rombouts, Jan *118*,
119.
Rombouts, Théodore
119.
Rome 13, *13*, 17, 18, 22,
23, *23*, 56, 54, 60, *60*. 73,
78, 80, 81, 93, *103*, 105,
106, 108, 113, *115*, 116,
117, 119, 124, *127*.
Rosso Florentino 114.
Rubens *63*, 68, 84, 119.

S – T – U

Sade, marquis de *82*.

*Saint Sébastien soigné
par sainte Irène*
(Trophime Bigot) *124*.
Saint-Jean-de-Malte,
église (Aix-en-
Provence) *104*, 106.
Saint-Laurent, oratoire
de 102, *103*.
Saint-Louis-des-
Français, chapelle
Contarelli de *41*, 43,
43, 44, *83, 121*.
Saint-Marie-Majeure,
chapelle Pauline de *23*.
Saint-Pierre, basilique
67, 68.
Sainte-Anne-des-
Lombards, église
(Naples) 105.
Sainte-Praxède, église
de 21.
San Domenico
Maggiore, église 84, *89*
San Lorenzo in
Samado, église *23*.
San Pietro in Montorio,
église 84, *85*.
Sandrart, Joachim von
113, *124*.
Sanesio, cardinal 46.
Sant'Agostino, église
66.
Santa Maria del
Popolo, chapelle Cesari
de *44*, 45, 46, 46.
Santa Maria della
Misericordia, église 83.
Santa Maria della Scala,
chapelle Cherubini de
68, *68*.
Santa Maria in
Vallicella, chapelle
Vitrice de 60, *60*, 63.
Saraceni 17.
Savoldo, Girolamo *16*,
17.
Seghers, Gérard 119.
Sforza Colonna,
Fabrizio 95.
Sicile 98.
Sixte Quint, 22, 43.
Souffleur à la lampe
(Trophime Bigot) 125.
Stampa, Girolamo 50.
Stanzione *89*.

CRÉDITS PHOTOGRAPHIQUES

Stella, Jacques *115*.
Susinno 54, 104.
Syracuse 99, 101 ;
latomies de 100, *100*.

Taine *125*.
Ter Brugghen 119, *121*.
Thérèse d'Avila *20*.
Titien *16*, *103*.
Tomassoni, Ranuccio 72, 79.
Tor di Nona, prison de la 51.
Torse du Belvédère 103.
Tournier, Nicolas 124.
Traité de peinture (Lomazzo) *15*.
Trasegno 54.
Tricheur, Le (Georges de La Tour) *121*.
Triseigni 50.
Tullio, Marco *50*.

Urbino, duc d' 105.
Utrecht 119.

V – W – Z

Valentin *89*.
Van Eyck *32*.
Van Laer 119.
Van Mander, Carel 14, 41, 50, 113.
Vasari *16*.
Vélasquez *32*, 117, *117*, *121*.
Venise *15*, *16*, 18.
Vénus et Cupidon (Simone Peterzano) *15*.

Véronèse *15*.
Vialardi, Francesco Maria 72.
Vie du Caravage (Joachim von Sandrart)113.
Vierge Marie *37*, 61, 66, *66*, 68, *75*.
Vignon, Claude 124.
Villamediana, comte de 77, 119.
Vinci, Léonard de *16*, 114.
Vinck, Abraham *53*, 118.
Vite de pittori (Passeri) 72.
Vitte de pittori, scultori ed architetti (Pietro Bellori) 23, *111*, 113.

Vittrice, Alessandro *25* ; Girolamo *63*.
Vocation de saint Matthieu, La (Ter Brugghen) *121*.
Vouet, Simon *35*, 124.
Voyage d'Italie (Nicolas Cochin) *104*.

Wignacourt, Alof de *94*, *95*, *98*, *99* ; Philippe de *97*.
Wittenbroeck 119.
Wright of Derby, Joseph 125, *126*.

Zagarolo 78, *78*, *80*.
Zuccari, Frederico 25, 38, 43.
Zuccari, Taddeo *115*.

CRÉDITS PHOTOGRAPHIQUES

Archivio dell'Arte/L. Pedicini, Napoli 106-107. Archivio di Stato, Rome/H. Serra 44b, 51h, 135, 136, 139. Archivio Scala, Florence dos, 4ᵉ plat de couverture, 12, 13, 16, 18-19, 22, 23h, 23b, 24-25, 26-27, 30, 31, 33, 36-37h, 36-37b, 38-39b, 40-41, 42, 44-45, 47, 48, 49, 50-51, 52-53, 54, 55, 56-57, 58, 59, 61, 62-63, 66-67h, 67, 70-71, 80, 80-81, 81, 82-83, 85b, 92-93, 94b, 98, 100g, 100-101, 102h, 102b, 103, 105h, 108-109, 112b, 114-115, 115b, 118, 118-119, 124, 130, 131, 142, 143-144. Artephot/Nimatallah 24, 27g, 143. Artephot/Oronoz 98-99. BFI Stills, Londres 149h, 149b, 150. Bibliothèque Casanatense/H. Serra 21, 78, 78-79, 111, 112h, 141. Bibliothèque Nationale, Paris 32, 43, 94, 100d, 134g. Bibliothèque Vaticane, Rome 72-73h, 134. British Museum, Londres 138h. Coll. part 39h, 46-47, 105b. Dagli Orti, Paris 14h. Detroit Institut of Arts 72-73b. Droits Réservés 46h, 68, 140, 144. Galerie Piero Corsini, New York 14-15. Gamma/G. Mérillon 127b. Giraudon, Vanves 17b, 79, 123, 125. H. Josse, Paris 117, 121, 127h. Ikona/Brai 110. Ikona/V. Pirozzi, Roma 85h, 128. Index/T. Sforza, Milan 14b. Jean Bernard, Aix-en-Provence 104. Kimbell Art Museum, Forth Worth (Texas)/Michael Bodycomb 1ᵉʳ plat de couverture, 34-35. Lauros-Giraudon 20. Magnum/E. Lessing 76-77, 84, 90-91, 96-97. Metropolitan Museum of Art, New York 28-29. Musée des Beaux-Arrts, Rouen 88-89. Réunion des Musées Nationaux, Paris 17h, 69, 95, 113, 120, 122, 137. Ringling Museum of Art, Sarasota 27d. The Cleveland Museum of Art 60-61, 116. The National Gallery of Ireland, Dublin 86-87. The National Gallery, Londres 64-65, 74-75.

REMERCIEMENTS

L'éditeur remercie Riccardo Bassani, Fiora Bellini, Ida Giordano et Odile Ménégaux de leur aimable concours.

ÉDITION ET FABRICATION

DÉCOUVERTES GALLIMARD
DIRECTION Pierre Marchand et Elisabeth de Farcy
GRAPHISME Alain Gouessant. FABRICATION Violaine Grare. PROMOTION-PRESSE Valérie Tolstoï.
LE CARAVAGE
ÉDITION Frédéric Morvan. MAQUETTE Roberta Maranzano et Aalam Wassef (Témoignages et documents). ICONOGRAPHIE Caterina D'Agostino. LECTURE-CORRECTION Christine Monatte. Montage PAO Palimpseste. Photogravure Editoriale Libraria.

Table des matières

I   UN JEUNE HOMME AMBITIEUX

14   Une enfance lombarde
16   Apprenti à Milan
18   Premiers déboires
20   La peinture et l'Eglise
22   Chez le Cavalier d'Arpin
24   Une clientèle éclairée
26   La dolce vita
28   Les « ragazzi » du cardinal Del Monte
32   Plus vrai que nature
34   Les tricheurs
36   Les modèles du peintre
38   L'obéissance et la foi

II   LES TRIOMPHES ROMAINS

42   Le cycle de saint Matthieu
44   Violence et clair-obscur
46   Une nouvelle iconographie
48   Paul et Pierre
50   Port d'arme et insultes
52   Le réalisme dans l'horreur
54   L'autre Michelangelo
56   Saint Jean-Baptiste
60   Le portrait officiel : la consécration
62   La puissance des raccourcis
66   La Vierge…
68   … et la mort

III   EN FUITE

72   La rixe fatale
74   Jean-Baptiste…
76   … et Goliath
78   Vers le sud
80   Condamné à peindre

82   Les Sept Œuvres de Miséricorde
84   La Passion selon Caravage
86   La dernière découverte
88   Original ou copie?
90   Une technique parfaite

IV   L'EXIL, LE MENSONGE, LA MORT

94   Chevalier de grâce
96   Signé par le sang
98   De Malte en Sicile
100   L'imposteur
102   Le sacré et le profane
104   La dernière rixe
106   Un ultime espoir
108   La mort sur la plage…

V   LA POSTÉRITÉ DU CARAVAGE

112   Un héros de légende
114   Une rupture esthétique
116   Ribera et Vélasquez
118   Une parenté qui s'étend
120   Les caravagesques
124   En France…
126   Le naturalisme

TÉMOIGNAGES ET DOCUMENTS

130   Une personnalité complexe et une œuvre majeure
134   Le dossier judiciaire
138   La « redécouverte » du Caravage
142   Micro-histoire et histoire de l'art : le cas du Caravage
148   Le Caravage au cinéma
152   Bibliographie-muséographie
153   Table des illustrations
156   Index